CEPEZED
architecten - architects

426 Boomtown, Rotterdam, 1977

Prijsvraag uitgeschreven door de gemeente Rotterdam voor de herinrichting van het Weena en omgeving.

427 Schoolmeubilair, 1976

Prijsvraaginzending voor verstelbaar schoolmeubilair uitgeschreven door het Franse ministerie van onderwijs.

429 Atelier Hans van Draanen, Bergen, 1974-1975

opdr. Hans van Draanen.

Niet uitgevoerd.

430 Natte cel Krommenie, 1974 opdr.: Forbo Krommenie

Ontwikkeling van een geprefabriceerd systeem voor renovatie en nieuwbouw van sanitaire ruimten.

432 Apotheek Reeuwijk, Reeuwijk, 1975

opdr.: Reeuwijk Apotheek bv

Verbouwing van een winkelunit in bestaand winkelcentrum.

433 Apotheek De Liefde, Amsterdam, 1976

opdr.: H. Diederik / B. Vitanyi

Verbouwing van een winkelunit in een typisch Amsterdamse School -woonblok.

438 Fort, 1975

Diverse adviezen voor industrialisatie van de woningbouw in opdracht van Fort Woudrichem.

443 Chair, Kortrijk, 1976

Prijsvraaginzending voor een meubelsysteem / ontwikkeling schoolmeubilair

444 Colorring, 1977

Prijsvraaginzending voor gegoten sieraden in samenwerking met Hans Karreman

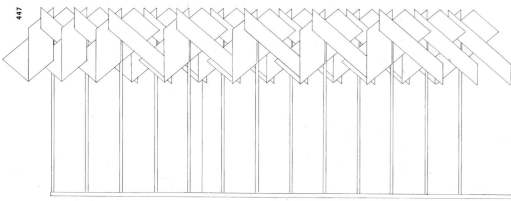

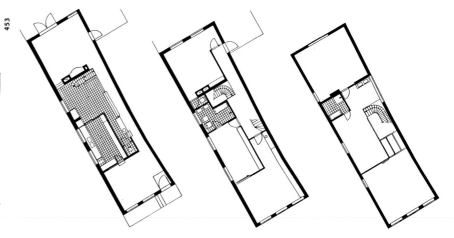

445 Kloveniersburgwal,
Amsterdam, 1977-1978

Verbouwing en restauratie van een groot grachtenpand in vijf appartementen.

447 Stand Bouwbeurs, Utrecht, 1977

Presentatiestand voor de Zweedse Handelsdelegatie.

448 Schoterbosch Apotheek, Haarlem, 1977
opdr.: Eduard Cohen

Verbouwing van een bestaande apotheek.

451 Cosmeticawinkel Parkmarkt, Haarlem, 1977
opdr.: Herman Diederik

Verbouwing van een bestaand winkelpand. Niet uitgevoerd.

453 OD 178, Delft, 1977-1978
opdr.: fam. De Iongh

Ingrijpende verbouwing en restauratie van een monumentaal grachtenpand.

455 Woonhuis Frijlink,
Huizen, 1977-1978
opdr.: fam. Frijlink

Verbouwing van een garage tot keuken.

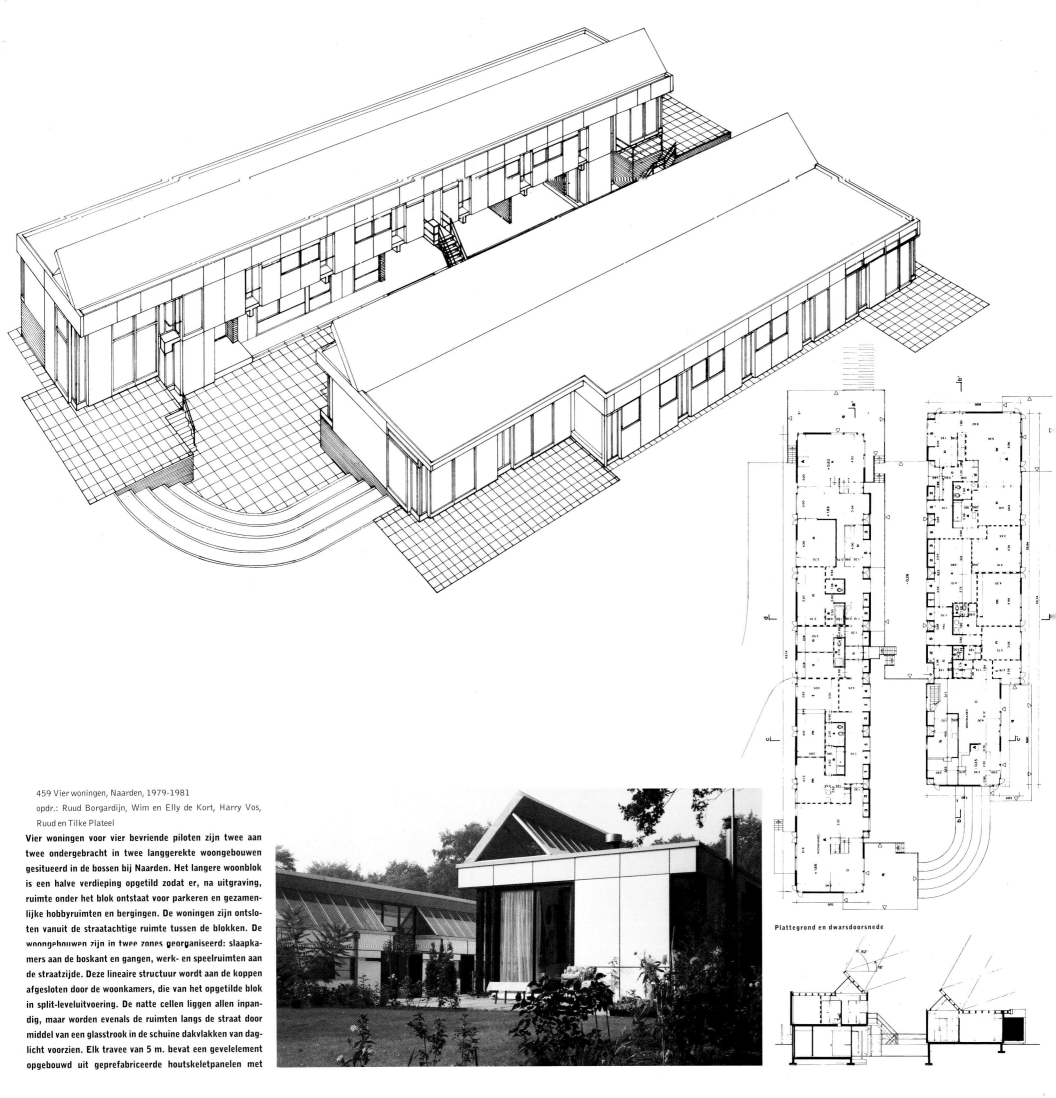

459 Vier woningen, Naarden, 1979-1981

opdr.: Ruud Borgardijn, Wim en Elly de Kort, Harry Vos, Ruud en Tilke Plateel

Vier woningen voor vier bevriende piloten zijn twee aan twee ondergebracht in twee langgerekte woongebouwen gesitueerd in de bossen bij Naarden. Het langere woonblok is een halve verdieping opgetild zodat er, na uitgraving, ruimte onder het blok ontstaat voor parkeren en gezamenlijke hobbyruimten en bergingen. De woningen zijn ontsloten vanuit de straatachtige ruimte tussen de blokken. De woongebouwen zijn in twee zones georganiseerd: slaapkamers aan de boskant en gangen, werk- en speelruimten aan de straatzijde. Deze lineaire structuur wordt aan de koppen afgesloten door de woonkamers, die van het opgetilde blok in split-leveluitvoering. De natte cellen liggen allen inpandig, maar worden evenals de ruimten langs de straat door middel van een glasstrook in de schuine dakvlakken van daglicht voorzien. Elk travee van 5 m. bevat een gevelelement opgebouwd uit geprefabriceerde houtskeletpanelen met

Plattegrond en dwarsdoorsnede

Jan Pesman

Michiel Cohen

opgelijmde, witte melamineplaten. Elke travee is voorzien van twee 40 cm. brede volglazen deurtjes, zodat elke ruimte met het buitengebied in verbinding staat. De gevelelementen aan de straatzijde bevatten elk drie nissen die door de bewoners naar keuze zijn ingevuld met een kast, werkblad, keuken of studiehoek. Het houten dak wordt gedragen door stalen spanten. De naar het zuiden gerichte, schuine zijde van de daklichtstrook wordt deels benut als zonnecollector. Het leidingwerk is opgenomen in een centrale goot over de lengte van de bouwstroken.

Het project is wat betreft een aantal aspecten experimenteel te noemen. Technisch is getracht om door middel van prefabricage te komen tot een snellere bouwtijd en een hoogwaardig afwerkingsniveau. Aangezien het de traditionele aannemer ontbrak aan de benodigde organisatie en nauwkeurigheid op het werk, is de bouwtijd eerder verlengd dan verkort. Het sociale experiment in de vorm van gemeenschappelijke voorzieningen -behalve de hobbyruimten en de gemeenschappelijke straat zijn in het opgetilde blok twee gemeenschappelijke logeerkamers opgenomen en het omringende gebied was uitgevoerd als gemeenschappelijke tuin- werkte zolang de vier vrienden gezamelijke gebruikers waren. Nadat één van de woningen is verkocht, zijn de gezamenlijke ruimten onderling opgedeeld.

De keuzemogelijkheid, zowel wat betreft plattegrond- als gevelindeling, heeft bij de bewoners zeer motiverend gewerkt en kan wel geslaagd genoemd worden.

De ervaringen tijdens de bouw waren een eerste aanleiding om in de toekomst te trachten door aanpassingen in het ontwerp het bouwproces beter te organiseren.

460 Woonhuis, Haarlem, 1979,
opdr.: fam. Diederik
Verbouwing woonhuis.

461 Kantooraanbouw, Den Haag, 1979-1980
opdr.: Zweedse Handelsdelegatie
Verbouwing en uitbreiding van een monumentaal pand aan de Laan Copes van Cattenburch.
Niet uitgevoerd.

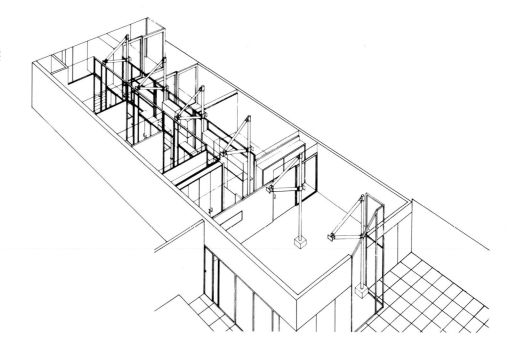

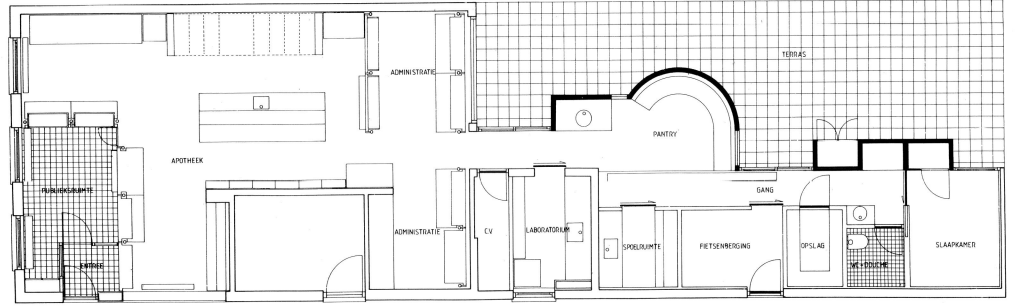

APOTHEEK

PUBLIEKSRUIMTE

ENTREE

ADMINISTRATIE

ADMINISTRATIE

C.V.

LABORATORIUM

TERRAS

PANTRY

GANG

SPOELRUIMTE

FIETSENBERGING

OPSLAG

WC + DOUCHE

SLAAPKAMER

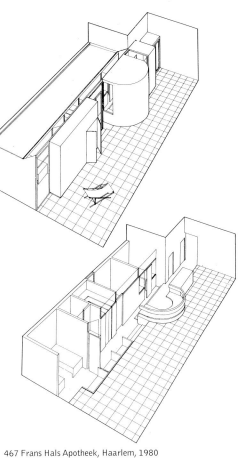

467 Frans Hals Apotheek, Haarlem, 1980
opdr.: Eduard Cohen

Verbouwing en uitbreiding van een bestaande apotheek. Eerste gebruik van Hout-epoxy techniek voor geprefabriceerde bouwkundige elementen.

472 Poëzieboekhandel Woutertje Pieterse, Rotterdam, 1980
opdr.: Stichting Woutertje Pieterse

Drie panelen, twee vlak en een gebogen, draaien elk om een exentrisch geplaatste spil. Door draaien van de panelen kan de ruimte voor verschillend gebruik (expositie, voordracht e.d.) worden ingericht.

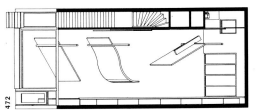

Proefwoning Wolvega   Accessoires tuingevel

365   225   140   85

120

Varianten service units

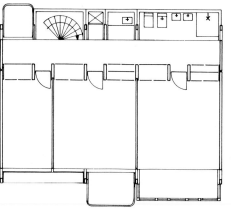

474 Heiwo P.P.A., Wolvega, 1980-1982
opdr.: HEIWO P.P.A., P. Heida

Eén van de weinige consequent industriële woningbouwsystemen. De woning heeft een gezoneerde opzet: een zone met installaties, keuken, trap en sanitaire units aan de straatzijde, daarlangs een verkeersstrook die door middel van een kastenwand van de woonruimten aan de zuidzijde is gescheiden. Aan de zuidgevel is een strook gereserveerd waarbinnen extra's als balkons, serres, zonwering en dergelijke een plaats kunnen vinden. De woning kent een vaste dieptemaat, maar kan in de breedte gevarieerd worden.

De draagconstructie bestaat uit stalen kolommen die in het gevelvlak door Z-vormige staalprofielen worden gekoppeld. De kolommen zijn door middel van een ankerrail verbonden met de funderingsbalk in de langsrichting van het woningblok. De kolommen worden gesteld door de koppeling aan het (maatvaste) Z-profiel. Door deze stelmethodiek, waarbij niet wordt uitgegaan van van te voren uitgezette hoekpunten, maar waarbij -door van één kant uit te assembleren- een optelling van vaste deelmaten de uiteindelijke maat bepaalt, wordt de tolerantieproblematiek van de traditionele bouw voorkomen. De kolommen steken 500 mm. uit het gevelvlak, zodat ruimtelijke elementen gemakkelijk kunnen worden 'ingehangen' (en vervangen).

De vloer- en dakelementen zijn uitgevoerd als verlijmde spaanplaat ribpanelen met een vaste overspanning van 5400 mm. Deze panelen zijn gevuld met minerale wol.

Aangezien de trap en de natte units als losse elementen aan de gevel zijn gehangen, zijn sparingen in de vloer niet nodig. Doordat de vloeren gedragen worden door liggers in het gevelvlak, behoeven de kolommen in de voor- en achtergevel niet tegenover elkaar te staan. Hierdoor ontstaat een maximale indelingsvrijheid van voor- en achtergevel: de indelingen van de beide gevelvlakken behoeven immers niet op elkaar te worden afgestemd.

De ruimtelijke elementen die aan de noordgevel worden gehangen zijn uitgevoerd als sandwichconstructie met een vulling van pvc-schuim. Door de constructieve eigenschappen van dit schuim zijn inwendige stijlen overbodig. De elementen zijn afgewerkt met verlijmde aluminium beplating. Tussen de aangehangen elementen zijn op vloerniveau horizontale stroken gereserveerd voor leidingen. De leidingen worden vooraf gemonteerd op een 'printplaat' en na montage van de print door middel van snelkoppelingen gekoppeld aan de units en vertikale leidingen. De print wordt afgedekt met een opklapbare sluitplaat zodat reparatiewerk en het aanbrengen van extra leidingen gemakkelijk van buitenaf kan plaatsvinden. Het gebruikelijke hak- en breekwerk be-

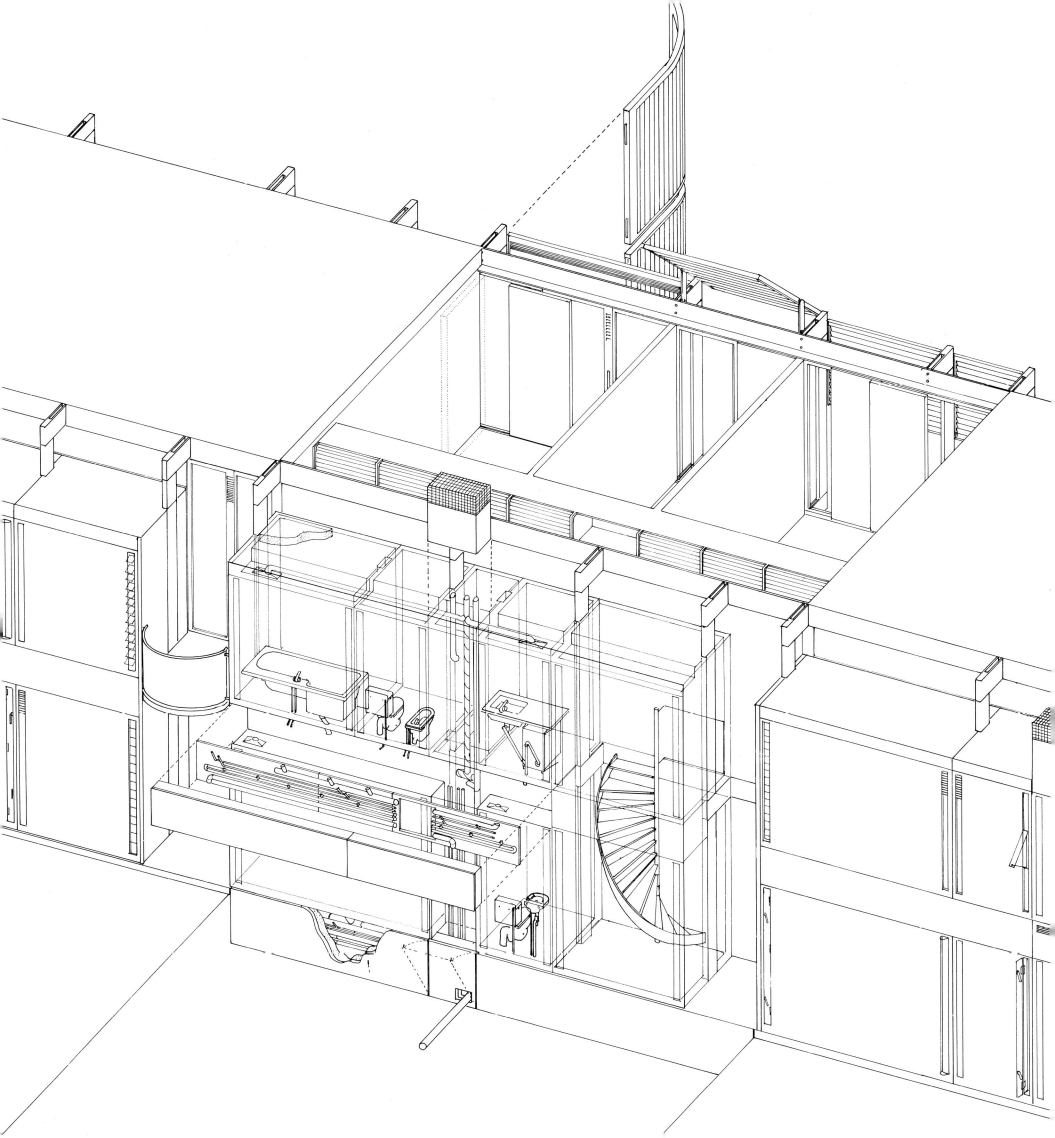

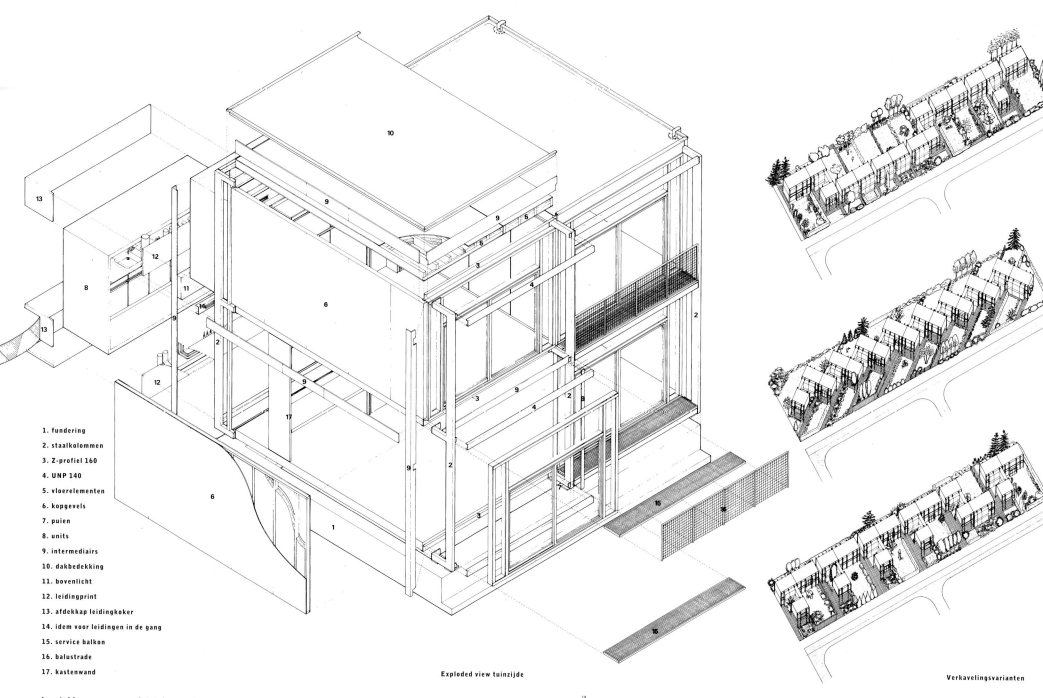

1. fundering
2. staalkolommen
3. Z-profiel 160
4. UNP 140
5. vloerelementen
6. kopgevels
7. puien
8. units
9. intermediairs
10. dakbedekking
11. bovenlicht
12. leidingprint
13. afdekkap leidingkoker
14. idem voor leidingen in de gang
15. service balkon
16. balustrade
17. kastenwand

Exploded view tuinzijde

Verkavelingsvarianten

hoort hiermee voorgoed tot het verleden. De beglaasde gevelelementen bestaan uit houten kozijnen met aluminium afdekprofielen. De kopgevels worden afgesloten met houtskeletwanden.

De maatvoering van de geprefabriceerde onderdelen -vloerplaten, gevelelementen en ruimtelijke units- is gebaseerd op een reeks van Fibonacci. De eigenschappen van deze reeks, waarbij elk getal in de reeks wordt verkregen door een optelling van de twee voorgaande getallen, maakt het mogelijk om met een beperkt aantal elementmaten (1400 en 2250 mm. voor de vloerplaten en 850, 1400, 2250 en 3650 mm. voor de ruimtelijke units) zonder passtukken een groot aantal in breedte variërende woningen samen te stellen. Extra accessoires in de vorm van een buitentrap en een loopbrug maken het koppelen van de voor-respectievelijk achtergevel van twee woningzones mogelijk. De mogelijkheden voor het ontwikkelen van verschillende woningtypes zijn, zeker gezien het beperkte aantal benodigde basiselementen, vrijwel onbeperkt.

476 DWL 100, Rotterdam, 1981

Deze inzending voor een door de EEG uitgeschreven prijsvraag voor energiezuinig bouwen bestaat uit het ontwerp voor 100 woningen op de reinwaterkelders van het voormalig Drinkwaterleiding complex te Rotterdam. Heiwo visits Rotterdam.Niet uitgevoerd.

477 Woonhuis De Iongh, Veere, 1981
opdr.: fam De Iongh

Uitbreiding van een dijkhuisje dat op de monumentenlijst stond. Afgekeurd door Welstand.

477

477

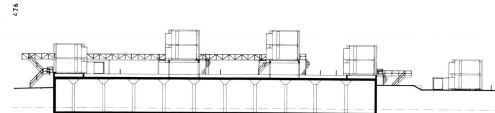

479 KATAN, 1981

Studie naar produktdiversificatie van de kunststofverwerker KATAN i.s.m. Moshé Zwarts en Jan Westra.

480 HAFKON, Barneveld, 1981
opdr.: HAFKON bv

Ontwikkeling van een kleedcabinesysteem van aluminium extrusie profielen en verlijmde kunststof panelen.

480

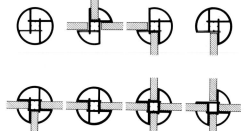

CEPEZED

architecten - architects

Jan Pesman & Michiel Cohen

tekst - text Piet Vollaard

introduction - inleiding Kenneth Powell

Uitgeverij 010 Publishers/Rotterdam 1993

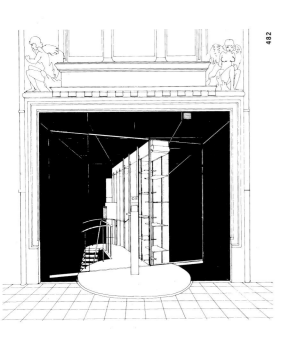

482

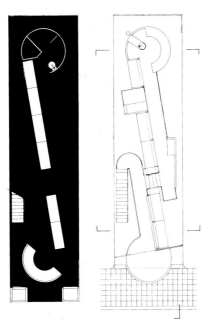

482 Jewelry and silverware shop, Londen, 1981

Prijsvraag uitgeschreven door het Engelse architectuurtijdschrift Architectural Review voor de inrichting van een juwelierswinkel in een bestaande winkelunit. Schuin in de leeggemaakte huls van het bestaande pand is een vrijstaand glazen meubel geplaatst. De juwelen en bijouterieën zijn uitgestald in vitrines waarbij de uitstalvlakken door een paternosterconstructie op-en-neer kunnen worden bewogen. De inzending werd bekroond met de tweede prijs.

483 Uitbreiding kantoren Wetering Port Repair bv, Rotterdam, 1981. opdr.: D. v.d. Wetering nv

Het kantooroppervlak van een bedrijfsgebouw met een strook kantoren langs een hoge bedrijfshal diende te worden verdubbeld. De fundering bleek in staat een lichte uitbreiding op de bestaande kantoorlaag te dragen. Een vrachtwagencarrosseriebedrijf, door de productie van koelwagens in staat goed geïsoleerde, stijve 3D- elementen in relatief kleine series te produceren, prefabriceerde 15 compleet afgewerkte kantoorelementen welke (na aanvoer over

483

Inhoud - Contents

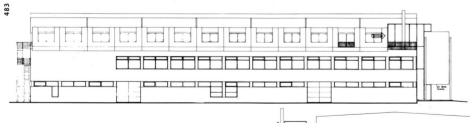

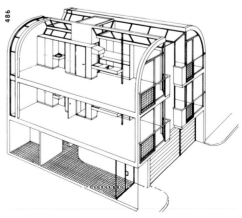
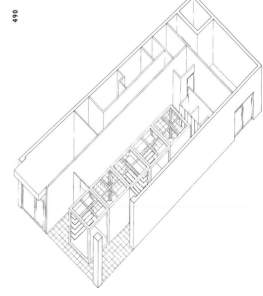

het water) direct op de bestaande kantoorlaag zijn geplaatst. De elementen bestaan uit een sandwich-constructie van twee lagen staalplaat met een pvc-schuim vulling. Het cilindervormige, hout-epoxy trappenhuis is gemaakt door een jachtwerf. Door de verplaatsing van een groot deel van de werkzaamheden naar de fabriek is de feitelijke bouwtijd sterk verkort en kan er in de bestaande kantoren tijdens de bouw worden doorgewerkt.
Het is het eerste project dat **CEPEZED** in deelaanneming uitvoerde.

486 Vier appartementen, Delft, 1981
opdr.: fam. De Iongh
Opbouw van vier appartementen op een bestaande onderbouw.
Niet uitgevoerd.

490 Container, Amsterdam, 1982
opdr.: R. Brummer
Ontwerp voor een winkelconcept waarbij een compleet ingerichte container in en uit de winkelruimte kon worden geschoven. Niet uitgevoerd.

The practice of CEPEZED is - amazingly - 20 years old. With two decades of practice and a wide range of completed projects, large and small, public and private, the firm has attained maturity and a respected position on the Dutch - and European - architectural scene. Yet its enthusiasm, inventiveness and experimentalism do not seem to have diminished in that time while there is a consistency and a clear line of development in the work which both gives credibility to Jan Pesman's defence of 'industrial architecture' as a new discipline and equally roots the work of CEPEZED in the traditions of the Modern Movement.

For a critic writing about modern Dutch architecture from outside the Netherlands, it is almost mandatory to pay homage at some point to that 'alternative' Modernist tradition which stems from De Stijl and from the work of J.J.P. Oud and Gerrit Rietveld in particular.

The social agenda and the visionary aspects of De Stijl certainly hold significance for architects who have affirmed as Jan Pesman and Michiel Cohen have done, that 'an architecture which does not reflect upon its future, does not have a future'. CEPEZED's architecture is, by definition, 'social' - in the broad, and sometimes in a more specific, sense. De Stijl was frugal in means and rational in expression and yet it produced, on occasions, an architecture of real poetic power. CEPEZED's path of development has led from the rational to the more clearly expressive but lies within the undogmatically rationalist continuum of Dutch 20th century architecture. The practice's fascination with the way things are made and with the possibilities of prefabrication has led to significant experiments in mass production, most importantly in the realm of housing, which have blurred the boundaries between architecture and industrial processes. CEPEZED's Heiwo system is an answer to a global problem - yet it awaits large-scale use in the face of a conservative housing market.

Rietveld's proposals for industrialized housing met a similar fate. It is to the complexity and drama of the space which Rietveld achieved, most famously, in the Schröder house at Utrecht, that one's mind turns, inevitably, on a visit to the Pesman house at Delft. The expressionist, almost Gothic spirit of this house is far removed from the restraint of

Architectenbureau CEPEZED bestaat tot mijn verbazing al twintig jaar. Met twee decennia praktijk en een grote reeks gerealiseerde projecten achter de rug, groot en klein, publiek en privaat, heeft het bureau een volwassen en gerespecteerde positie op het Nederlandse -en Europese architectonische toneel verworven. Desondanks lijken het enthousiasme, het vernuft en de experimenteerdrang sinds die tijd niet te zijn verminderd. Het werk vertoont een samenhang en een heldere ontwikkelingslijn, die zowel Jan Pesmans verdediging van een nieuwe discipline -Industrieel Architect- geloofwaardig maakt, als het werk van CEPEZED stevig in de traditie van de Moderne Beweging plaatst. Voor een criticus die van buitenaf over de hedendaagse Nederlandse architectuur schrijft, is het welhaast een verplichting om ergens eer te bewijzen aan die 'andere' modernistische traditie die voortkomt uit De Stijl, in het bijzonder uit het werk van J.J.P. Oud en Gerrit Rietveld. Voor architecten die, zoals Jan Pesman en Michiel Cohen, hebben verklaard dat 'een architectuur die niet over zijn toekomst nadenkt, geen toekomst heeft', zijn de sociale en visionaire aspecten van De Stijl ongetwijfeld van betekenis. De architectuur van CEPEZED is per definitie 'sociaal' in de brede en af en toe in de meer specifieke zin.

De Stijl was sober in haar middelen en rationeel in haar expressie en toch produceerde zij een architectuur van ware poëtische kracht. De ontwikkeling van CEPEZED heeft van het rationele naar het meer expressieve geleid, maar bevindt zich binnen het ondogmatisch rationalistisch continuüm van de Nederlandse twintigste-eeuwse architectuur. De fascinatie van het bureau met de manier waarop de dingen gemaakt worden en met de mogelijkheden van prefabricage hebben tot waardevolle experimenten geleid in de massaproduktie, vooral op het gebied van woningbouw, die de grenzen tussen architectuur en industriële processen hebben doen vervagen.

CEPEZEDs Heiwo-systeem is een antwoord op een algemeen probleem. Toch wacht het -geconfronteerd met een conservatieve woningbouwmarkt- op toepassing op grote schaal. Rietvelds voorstellen voor geïndustrialiseerde woningbouw ondergingen eenzelfde lot. Bij een bezoek aan het Pesmanhuis in Delft gaat de gedachte onvermijdelijk uit

494 Stand Bouwbeurs, Utrecht, 1982
opdr.: Uitgeverij
Ten Hagen

496 Verbouwing zomerhuis tot woning, Wijk aan Zee,
1983-1984
opdr.: fam. Mees
Een kleine villa in de duinen is intern geheel leeggemaakt en voorzien van een vrijstaand utilitair meubel met steektrap.

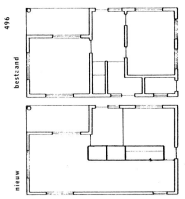

499 Bison, Breda, 1983
opdr.: Bison Elements bv
Industrieel bouwsysteem van cementboard panelen en lichte metalen vakwerkspanten. Gerealiseerde projecten: 56 woningen in verschillende kibboetsen in Israël, Mita fabriek in Algerije en campinggebouw in Kamperland.

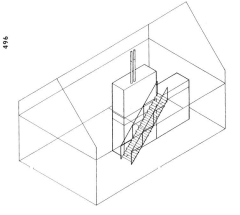

500 Orthodontistenpraktijk Teeseling, Haarlem, 1983
opdr.: Sandy van Teeseling
Ontwerp i.s.m. Benthem Crouwel voor de verbouwing van een monumentaal pand tot woonhuis met praktijk.
Later uitgebreid met een tuinpaviljoen zie: 579

Mies and equally from the almost Classical calm of Chareau's Maison de Verre. Yet CEPEZED has retained, in the context of the excesses of OMA and others, an inherent rationalism which is linked to its humanism. Technical advance and the use of benign technology has always been a prime concern of Pesman and Cohen, but they could never be accused of mere technological determinism. CEPEZED's increasing involvement in the design of urban buildings and spaces - for example, at the Schouwburgplein in Rotterdam and the Statenplein, Dordrecht - has produced a response to location which was never required in the out-of-town, urban fringe sites which characterized most of the earlier work. This has produced not formality, nor compromises, but a more expressive complexity and a new freedom of form. This development is, I think, paralleled in the work of a British architect who, in my view, shares many of CEPEZED's concerns: Nicholas Grimshaw (see, for example, his current Berlin stock exchange project).

The prospect of CEPEZED 'coming to town', as it were, is exciting. The urban work of other unwaveringly modern architects like Jean Nouvel and Norman Foster (especially in Nîmes) underlines that 'civility' in architecture is not the exclusive preserve of traditionalists or Post Modernists. I share Piet Vollaard's intense optimism about the future of the practice: the 'real work' may, indeed, be only just beginning. Nonetheless, the work of the firm in the 1970s and 80s will stand as an extraordinary achievement, even in a country like the Netherlands where 'modernism without dogma' is a widely respected creed. A year or so ago, I was thrilled to see the High Tech Centre in Nieuwegein which struck me as one of the most enthralling buildings of its kind I had seen anywhere: disciplined, well-made, humane. It is a model of reasonableness and, in the architectural world of the 1990s, to what better ideal could an architect aspire? CEPEZED has a long way to go, but its past deserves to be celebrated too.

Kenneth Powell

KENNETH POWELL (1947) IS ARCHITECTURE CRITIC OF THE DAILY TELEGRAPH AND SUNDAY TELEGRAPH, LONDON. EDITORIAL CONSULTANT, AD MAGAZINE. PUBLICATIONS INCLUDE THREE BOOKS ON THE WORK OF NORMAN FOSTER, TWO ON TERRY FARRELL AND FORTHCOMING BOOKS ON THE ARCHITECTURE OF LONDON (ACADEMY EDITIONS) AND WORK OF RICHARD ROGERS (VERLAG FÜR ARCHITEKTUR–ARTEMIS).

naar de complexiteit en het ruimtelijk drama welke Rietveld wist te bereiken, met als meest beroemde voorbeeld het Schröderhuis in Utrecht. De expressionistische, haast gotische geest van het Pesman-huis is ver verwijderd van de terughoudendheid van Mies en de haast klassieke rust van Chareaus Maison de Verre. Tegelijkertijd heeft CEPEZED, in de context van de excessen van OMA en anderen, een inherent, met het humanisme verbonden rationalisme behouden.

Technische vooruitgang en het gebruik van zachte technologie zijn altijd van groot belang geweest voor Pesman en Cohen, maar ze kunnen nergens worden beschuldigd van louter technologisch determinisme.

CEPEZEDs toenemende betrokkenheid bij het ontwerpen van stedelijke gebouwen en ruimten, bijvoorbeeld het Schouwburgplein in Rotterdam en het Statenplein in Dordrecht, heeft een omgaan met de locatie opgeleverd welke niet gevraagd werd in de buitensteedse en perifere terreinen die het vroege werk karakteriseren. Dit heeft geen vormwil, noch compromissen tot gevolg gehad, maar een meer expressieve complexiteit en een nieuwe vormvrijheid. Deze ontwikkeling is naar mijn mening vergelijkbaar met die van een Britse architect die in mijn ogen veel van CEPEZEDs uitgangspunten deelt: Nicholas Grimshaw (zie bijvoorbeeld diens recente project voor de beurs van Berlijn). Het vooruitzicht van wat je CEPEZEDs 'coming to town' zou kunnen noemen, is opwindend. Het stedelijke werk van andere recht-door-zee moderne architecten als Jean Nouvel en Norman Foster (vooral in Nîmes) onderstreept dat 'hoffelijkheid' in de architectuur niet het exclusieve domein is van de traditionalisten of post-modernisten. Ik deel het intense optimisme van Piet Vollaard over de toekomst van het bureau: het 'echte werk' zou inderdaad nog wel eens kunnen komen. Desalniettemin zal ook het werk van het bureau uit de jaren zeventig en tachtig blijven voortleven als een buitengewoon wapenfeit, zelfs in een land waar 'modernisme zonder dogma' een alom beleden credo is. Een jaar of wat geleden werd ik getroffen door het High Tech Centre in Nieuwegein. Ik vond het een van de meest boeiende gebouwen in zijn soort: gedisciplineerd, goed gemaakt, humaan. Het is een toonbeeld van redelijkheid, en naar welk hoger ideaal zou de architect van de jaren negentig kunnen streven. CEPEZED heeft een lange weg te gaan, maar zijn verleden verdient ook te worden gehuldigd.

Kenneth Powell

501 Tehuis voor varenden, Amsterdam, 1983
opdr.: AMVV
Plan voor een drijvende sociëteit.
Niet uitgevoerd.

503 Artsenpraktijk, Hilversum, 1983-1985
opdr.: dhr. Pekelharing
Een prefab containerachtige doos op stelpoten in de achtertuin als praktijkruimte.

504 Telefoonwinkel, Hoogeveen, 1983
opdr.: PTT Telecom
Voorloper van het daarna ontwikkelde winkelinrichtingssysteem voor de Primafoonwinkels.

Teneinde de inrichting van een zestigtal PTT-telefoonwinkels, veelal in bestaande huurpanden in de binnensteden, snel en probleemloos te laten verlopen, is een modulair inrichtingspakket ontwikkeld, dat geheel is opgebouwd uit geprefabriceerde, gepoedercoate stalen onderdelen.

In feite wordt elke in te richten winkel beschouwd als een lege, geklimatiseerde huls waarbinnen een vrijstaande doos, compleet met wanden en plafonds en voorzien van leidingwerk, verlichting en dergelijke, wordt geplaatst. Het tijdrovende natte aannemerswerk -hakken, breken, sleuven frezen, stucadoren, schilderen-wordt vermeden.

Het systeem is zodanig ontworpen, dat verschillende ruimtevormen gemakkelijk kunnen worden ingericht. De gevels worden, aangepast op de locale situatie, gekozen uit een

standaardpakket, 'traditioneel' aangebracht. Nadat de ruimte is leeggemaakt worden stalen portalen gesteld, bestaande uit gezette staalprofielen voor zowel wandstijlen als

503

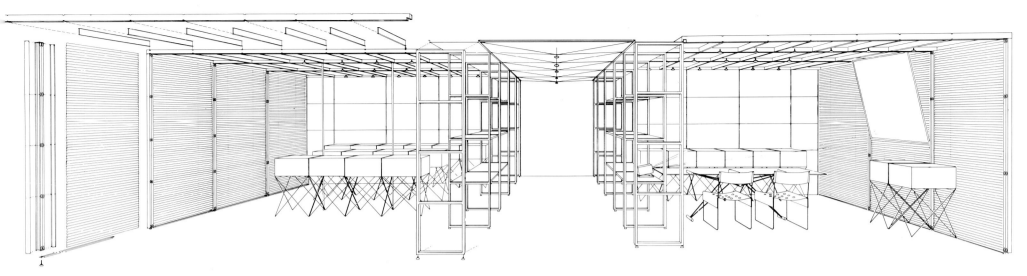

Perspectief VAC

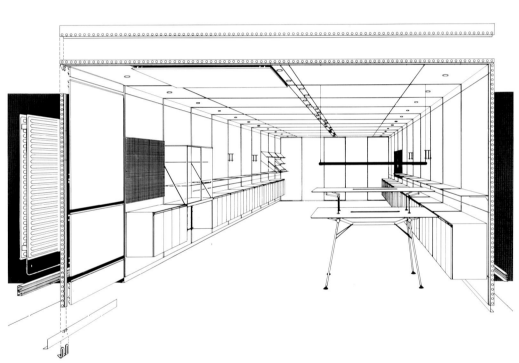

Perspectief Primafoon

Interieur VAC

plafondliggers. De stijlen en liggers zijn geperforeerd voor leidingdoorvoer en het inhangen van wand- en plafondpanelen. De 900 mm. brede invulpanelen met omgezette randen zorgen voor de stabiliteit van de constructie. Voor de ingehangen panelen zijn verschillende typen ontwikkeld die gemakkelijk kunnen worden uitgewisseld of vervangen door kastjes, rekken of planken, zodat de winkel op wisselend gebruik kan worden ingericht.

Het perforeerwerk van de portalen en panelen is computergestuurd uitgevoerd zodat een goede maatvastheid is gegarandeerd.

Na voorbereidende werkzaamheden en het aanbrengen van de gevel is het in principe mogelijk een winkel in één dag geheel in te richten en gebruiksklaar te maken.

Op basis van het Primafoonsysteem is in een latere fase een uitgebreider systeem voor VAC's (Verkoop Adviescentra voor de middelgrote bedrijfsmatige klanten van de PTT) ontwikkeld.

509 Invalide-unit, Woerden, 1984
opdr.: GGD Woerden/Gemeente Nieuwkoop

Lichte pre-fab units die aan bestaande woonhuizen kunnen worden gehangen teneinde deze geschikt te maken voor bewoning door invaliden.

Drie fasen van het inbouwproces Primafoon.

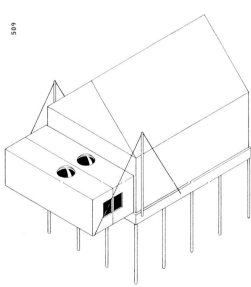

509

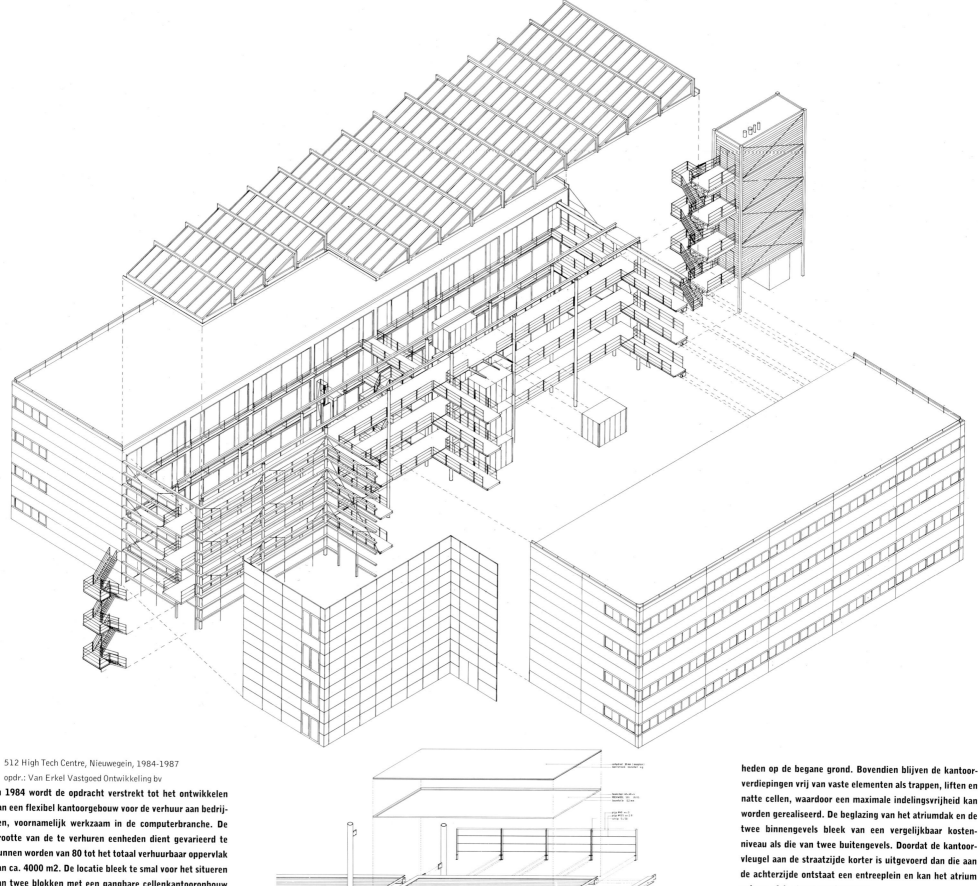

512 High Tech Centre, Nieuwegein, 1984-1987
opdr.: Van Erkel Vastgoed Ontwikkeling bv

In 1984 wordt de opdracht verstrekt tot het ontwikkelen van een flexibel kantoorgebouw voor de verhuur aan bedrijven, voornamelijk werkzaam in de computerbranche. De grootte van de te verhuren eenheden dient gevarieerd te kunnen worden van 80 tot het totaal verhuurbaar oppervlak van ca. 4000 m2. De locatie bleek te smal voor het situeren van twee blokken met een gangbare cellenkantooropbouw (5,4-1,8-5,4 m.). De restruimte tussen de gebouwen zou benauwd zijn geworden. Door deze restruimte echter uit te voeren als atrium en daarin tevens de verkeersfuncties -liften/ trappen en horizontale verbindingsbruggen- en alle voorzieningen -alle leidingen, maar ook toiletten en pantry's- op te nemen slaat men twee belangrijke vliegen in één klap. De oninteressante buitenruimte wordt opgewaardeerd tot een levendige binnenruimte met allerlei ontmoetingsmogelijkheden tussen de werknemers van de verschillende bedrijven en een ruime gezamelijke entreehal met expositiemogelijk-

Opbouw loopbrug

heden op de begane grond. Bovendien blijven de kantoorverdiepingen vrij van vaste elementen als trappen, liften en natte cellen, waardoor een maximale indelingsvrijheid kan worden gerealiseerd. De beglazing van het atriumdak en de twee binnengevels bleek van een vergelijkbaar kostenniveau als die van twee buitengevels. Doordat de kantoorvleugel aan de straatzijde korter is uitgevoerd dan die aan de achterzijde ontstaat een entreeplein en kan het atrium ook vanaf de straat goed worden ervaren.

De constructie van de 12,5 meter brede kantoorvleugels zou oorspronkelijk uit een staalskelet met de stabiliteit in de middenzone bestaan. Op instigatie van de aannemer werd echter overgegaan tot een (duurdere) ter plaatse gestort betonskelet, waardoor op de koppen stabiliteitswanden moesten worden geplaatst. De buitengevels bestaan uit traveebrede sandwichpanelen met een roestvast stalen(316) buitenbekleding afgewisseld door horizontale raamstroken met dubbele aluminium schuiframen, waartussen zonwering is aangebracht.

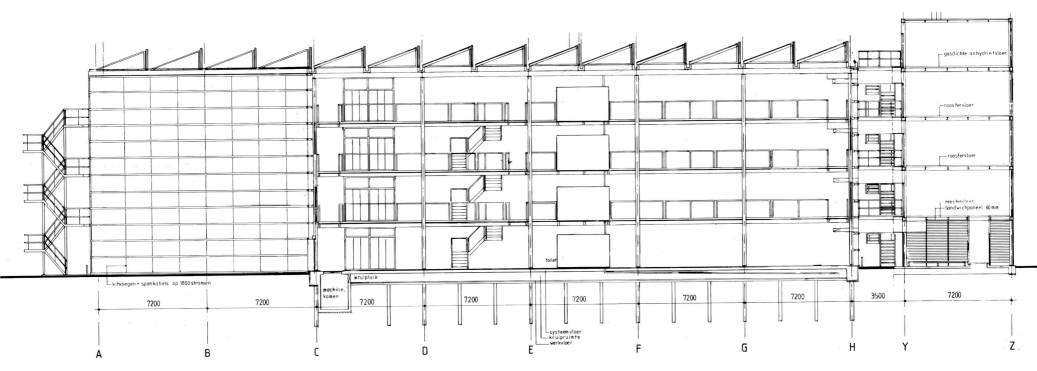

kitvoegen + spankabels op 1800 stramien

machine. kamer.

kruipluik

toilet

systeem vloer
kruipruimte
werkvloer

gasdichte anhydrietvloer

roostervloer

roostervloer

roostervloer
sandwichpaneel 60 mm

| A | 7200 | B | 7200 | C | 7200 | D | 7200 | E | 7200 | F | 7200 | G | 7200 | H | 3500 | Y | 7200 | Z |

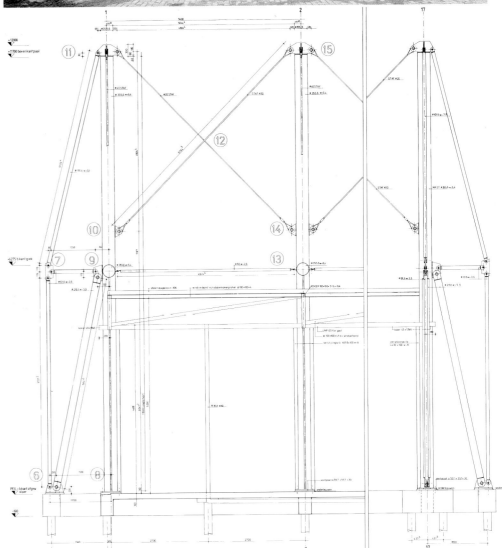

De constructie van het atrium bestaat uit stalen kolommen en liggers. Het sheddak wordt gevormd door een geïsoleerde glaskap met vertikale sandwichpanelen als drager. De stalen ruggegraat in het midden van het atrium bestaat uit loopbruggen in de lengterichting met daaraan gekoppeld de liften, trappen, toilet- en pantry-units. Deze lineaire structuur eindigt in een technische toren aan het ene einde en brandtrappen aan het andere. De verbindingen met de kantoorlagen bestaan uit verplaatsbare stalen loopbruggen, zodat latere wijzigingen in het gebruik mogelijk blijven. De gevels van het atrium zijn opgebouwd uit siliconen verlijmde, horizontale stroken geïsoleerd floatglas die zijn ingeklemd in rubberprofielen op horizontale, stalen kokers die aan de dakgoten zijn opgehangen.

516 bedrijfsverzamelgebouw, Haarlem, 1984-1986
opdr.: Van Erkel Vastgoed Ontwikkeling bv

Voor de herplaatsing van bedrijven uit stadsvernieuwingsgebieden in Haarlem is een vrij indeelbaar verzamelgebouw ontworpen, waarvan de huur laag moest blijven om de stap van de relatief goedkope binnenstad naar het bedrijfsterrein niet te groot te maken. Het rechthoekige bouwterrein heeft de toegang aan de korte zijde. Het gebouw is langwerpig en heeft een symmetrische doorsnede; de bedrijfsunits zijn rug-aan-rug gegroepeerd. De ruggegraat wordt gevormd door een rij van zeventien masten met vanuit de masten afgehangen gieken, die aan het uiteinde door middel van pendels zijn afgespannen. De masten zijn onderling gekoppeld en aan de uiteinden door bokken gestabiliseerd. De masten staan in de bedrijfsscheidende wand. De middenzone is voorzien van een daklichtstrook zodat ook achterin

de bedrijfsruimten daglicht kan binnendringen. In deze middenzone is tevens al het leidingwerk ondergebracht. De wanden bestaan uit zelfdragende stalen sandwichpanelen. De gebruiker kan kiezen uit een pakket van verschillende gevels. De hoogte van de bedrijfsruimte is voldoende groot om tussenvloeren aan te brengen. De variatie in indelings- en gebruiksmogelijkheden is inmiddels voldoende groot gebleken om de vooraf onbekende, naar grootte en aard ver- schillende huurders, te kunnen huisvesten. Het bedrijfsver- zamelgebouw in Haarlem is het eerste project waarvoor **CEPEZED** de volledige rol van bouwcoördinator op zich heeft genomen.

Na het bedrijfsverzamelgebouw in Haarlem is ook in Nieuwegein een gelijksoortig gebouw gerealiseerd.

Het gebouw in Haarlem was één van de eerste gebouwen in Nederland met een zgn. 'exo-skelet'.

518 Portiersloge en poort RET, Rotterdam, 1984-1985
opdr.: RET Rotterdam
519 Herengracht 570, Amsterdam, 1984-1985
opdr.: Michiel Cohen, A.J. Smit

Opsplitsing van een monumentaal grachtenpand in drie appartementen. Het eerste gebruik van roestvast stalen panelen (voor het keukenblok).

520 Schouwburgplein, Rotterdam, 1985-1986
opdr.: Grondbedrijf Gemeente Rotterdam

Meervoudige opdracht.

Niet uitgevoerd.

Eén van de belangrijkste elementen van het wederopbouw- plan van de Rotterdamse binnenstad is het Schouwburg- plein. Na het gereedkomen van de Lijnbaanflats met de lage winkelstrook daarlangs, de Doelen, de Schouwburg en het Rijnhotel ontstonden de contouren van een grote, uitwaaie- rende openbare ruimte die de titel 'plein' slechts moeizaam kon waarmaken. Van meet af aan worstelt de Dienst Stads- ontwikkeling met de schaal en de ruimtebepalende wanden

van het plein. Van de vele plannen en studies die er zijn gemaakt is dit ontwerp de meest levensvatbare. Er zijn twee versies. Het eerste plan is het winnende ontwerp uit een door Mabon georganiseerde besloten prijsvraag voor een nieuwe bebouwing op de plaats van de huidige strook losse horecapaviljoens.

Een glazen wintertuin met een driehoekige doorsnede strekt zich uit van de Nieuwe Schouwburg tot de Doelen. De hoge vertikale gevel is gericht naar het plein, het schuine vlak loopt af naar de winkelbebouwing aan de Karel Doorman-straat. Een rij afgespannen, dubbele stalen kruizen vormt de draagconstructie. Een jaar later volgt een tweede plan dat het transparante karakter van het eerste plan combineert met een aantal stedebouwkundige aanpassingen. Is de draagconstructie in het eerste plan het belangrijkste beeld-bepalende element, in het tweede plan is dit een 'zwevend', hol gebogen dak. Door deze dakvorm is overgang tussen de grote, monumentale schaal van het plein en lage winkel-strook verbeterd. Het als achterkant ervaren schuine dak-

Tweede plan

vlak van het eerste plan is vervangen door een op de schaal van de winkels aangepaste 'voorgevel'. Het eerste plan maakt met zijn vertikale glasvlak feitelijk een nauwkeurig bepaalde pleinwand. Door het gekromde dak van het twee-de plan worden plein en wintertuin meer bij elkaar betrok-ken en is de overgang vloeiender. Het open karakter en de grote maat van het plein blijft hierdoor in feite gehand-haafd. Een deel van de bovenste laag van de parkeergarage onder het plein wordt benut als een verdiept deel van het plein. Hierdoor ontstaat op het plein zelf ruimte voor hore-ca- en winkelfuncties en wordt een geleding in het nog steeds grote plein aangebracht zonder dat de maat van het plein wordt verkleind; de Doelen en de Schouwburg blijven als wanden van het plein functioneren. Door het tribuneka-rakter van de traptreden over de schuine zijde kan het ver-diepte deel tevens dienst doen als openluchttheater.

Eerste plan

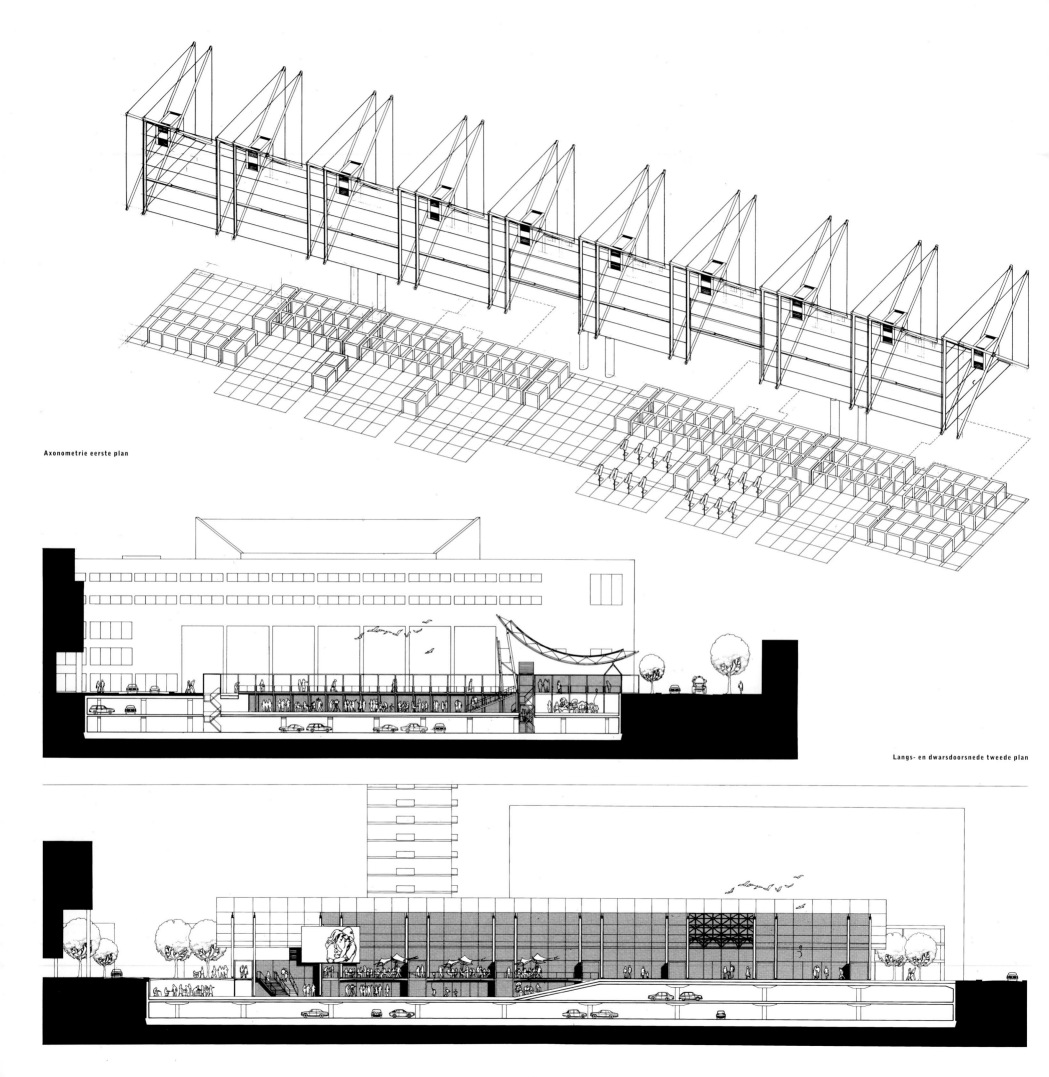

Axonometrie eerste plan

Langs- en dwarsdoorsnede tweede plan

'De rol van de architect in het bouwproces is in de loop van de eeuwen vrijwel ongewijzigd gebleven. Kenmerkend voor bouwwerken is het prototypisch karakter; detailleringen worden bij elk project opnieuw ontworpen. We kunnen stellen, dat deze wijze van bouwen zijn langste tijd heeft gehad. Het bolwerk genaamd 'traditionele bouw', en daarin opgesloten de traditionele architect, wankelt.'

Met deze woorden begint Jan Pesman in 1983 een artikel in ITEMS onder de titel 'Een nieuwe discipline: Industrieel Architect'. Hij schetst een toekomstbeeld van het bouwen en de rol die de architect hierin zou kunnen spelen. De traditionele architect verliest in het huidige bouwproces steeds meer terrein. Hij ziet in toenemende mate zijn vormgevende taken overgenomen door de producenten van standaard bouwelementen. Het ontbreekt hem aan kennis van de diverse industriële produktietechnieken om invloed op dit proces uit te kunnen oefenen. Anderzijds ontbreekt bij de industrieel ontwerpers nu juist de vaardigheid om de verschillende bouwcomponenten binnen een ruimtelijk totaalconcept op de bouwplaats tot een geheel samen te brengen. 'De conclusie kan niet anders zijn: of één van de twee disciplines architect en industrieel ontwerper moet zich voor het werkgebied van de ander gaan interesseren, of -indien blijkt dat beide disciplines te specifiek zijn geworden- er dient zich een werkterrein aan voor een nieuwe discipline: de industrieel architect.'

Of het met die nieuwe discipline ooit wat geworden is of worden zal en in hoeverre CEPEZED aan het profiel van industrieel architectenbureau beantwoordt is voorals- nog een open vraag. Nergens zijn vernieuwingen immers zo moeizaam door te voeren als in het door een grote mate van stroperigheid gekarakteriseerde bouwproces. Het belang van het artikel schuilt dan ook niet zo zeer in de feitelijke geldigheid van de aankondiging van een nieuwe discipline. Veel belangrijker is het feit dat het jonge architectenbureau de resultaten van tien jaar werken in, en denken over de bouwprak- tijk recapituleert en uitwerkt tot een samenhangend standpunt over de plaats die men in de bouwpraktijk inneemt. De in eerdere ontwerpprojecten en artikelen ontwikkelde ontwerpthema's, welke de theorie van de industrieel architect ondersteunen, zullen ook in de latere produktie van het bureau een rol blijven spelen. Dat in het werk van het bureau de techniek en het toepassen en zonodig zelf ontwerpen van industrieel vervaardigde componenten een belangrijke rol spelen spreekt na de aangehaalde cita- ten vanzelf. In de loop der jaren ontwikkelt het bureau een grote vaardigheid in de verwerking van verschillende bouwmaterialen en -produkten en ontvangt het meerdere prijzen op het gebied van de innovatieve materiaaltoepassingen in de gerealiseerde gebouwen. Ook wat betreft vernieuwing van het bouwproces zelf laat men zich niet onbetuigd. Door voor sommige projecten de coördinerende rol van aannemer op zich te nemen tracht CEPEZED de greep op het bouwproces, die de architect in de loop der jaren langzaam zag verminderen, te herwinnen.

Uit de creatie van de discipline industrieel architect spreekt vooral de overtuiging dat

'The role of the architect in the building process has remained virtually unchanged through the centuries. Buildings are typically prototypes: the detailing is new for each project. We can safely state that this method of building has had its day. The bastion called 'traditional building', and contained within it traditional architecture, is tottering.'

With these words Jan Pesman begins an article published in ITEMS in 1983 whose title translates as 'A new discipline: Industrial Architect'. He outlines a vision of building in the future and the role the architect might play there. In the building process of today the traditional architect is losing more and more influence. The traditional architect sees his task as designer being taken over by the producers of standardized building components to an increasing degree. He lacks the knowledge of industrial production techniques to be able to exert any influence on this process. On the other hand, the industrial designers in turn lack precisely the ability to draw into a composite whole on site the various building components contained in a planning concept. 'The conclusion cannot be otherwise: the two disciplines of architect and industrial designer must start taking an interest in each other's field, or - should it transpire that both have become too specialized - a new discipline should make its appearance, that of industrial architect.'

Whether anything has yet come of this new discipline, and to what extent CEPEZED fits the profile of industrial architectural office still remains to be seen. Indeed, there is no field of activity in which innovation is as difficult to introduce as the building process, where every step can be an uphill struggle. Consequently the significance of Pesman's article lies not so much in the actual legitimacy of announcing a new discipline. Much more important is that this relatively new architectural practice is going back over the results of ten years working in and reflecting on building practice, and working it up into a coherent standpoint on the place the practice occupies there. The design themes developed in earlier projects and articles, which underpin the theory of the industrial architect, will continue to play a part in the office's later work. That the technique and the deployment of industrial components, designing them when necessary, play a major role in the work of CEPEZED is made evident by the above quotes. In time the firm has acquired great proficiency in the working of building materials and products and has been awarded several prizes for its innovative application of materials in building projects. And as regards renewal of the process of building itself, it has been active too. By adopting the coordinating role of contractor for some projects, CEPEZED tries to regain a hold on the process of building, a hold that the traditional architect has seen gradually slipping from his grasp over the years.

521 Bedrijfsverzamelgebouw, Nieuwegein, 1986-1987
opdr.: Van Erkel Vastgoed Ontwikkeling bv

Tweede versie van het eerder uitgevoerde bedrijfsverzamel- gebouw in Haarlem (516). Uitgevoerd met gecoat staal dat vooraf niet thermisch is verzinkt.

524 Abris, Amsterdam, 1985

Onreglementaire inzending voor een prijsvraag uitgeschre- ven door AA.

525 CED, Woerden, 1985
opdr.: Van Erkel Vastgoed Ontwikkeling bv

Nieuwbouw voor het kantoor van de Centrale Expertise Dienst.

526 Kantoor en garage Ames/Veth, Dordrecht, 1985
opdr.: Bouwcombinatie Ames/Veth

**Het gebouw was voorzien van een hangdak om de grote tekenzaal op de bovenverdieping kolomvrij te kunnen uit- voeren. Gezien de locatie aan het water zou het gebouw in zijn geheel overdekt worden geprefabriceerd bij de nabijge- legen scheeps- en off-shorebouwer Grootint.
Niet uitgevoerd.**

526

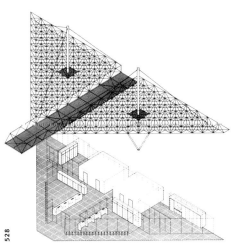

528

528 Stationsplein Rotterdam, 1985

Meervoudige opdracht voor een busterminal op het Stationsplein. Gewonnen en uitgevoerd door OMA.

530-540 Diverse projecten, 1985
opdr.: Van Erkel Vastgoed Ontwikkeling bv

Niet uitgevoerd.

541 Tentoonstellingskas en bijgebouwen, Arcen, 1986
opdr.: Kasteel Arcen bv

Niet uitgevoerd.

Het ontwerp voor een plantenkas van de kasteeltuin in Arcen, waarin een permanente tentoonstelling van planten is ondergebracht, bestaat uit een rasterwerk dakvlak van vierkante 'omgekeerde' tentdaken van 12 x 12 meter. Intern bestaat de kas uit een bestrate route tussen de eigen- lijke tuin en een langs de kas gelegen waterpartij met drij- vende vlonderterrassen.

In de kas wordt gebruik gemaakt van het aanwezige niveau- verschil, dat van het hoogste punt in de plantenkas afloopt naar het water. Door de tuin opklimmend naar het einde van

een vaardige omgang met materialen en componenten dan wel een grote beheersing van het bouwproces alléén nog geen architectuur maakt. De specifieke kundigheid van de architect is dat hij in staat is om op basis van een pakket van eisen de verschillende bouwcomponenten binnen een ruimtelijk totaalconcept tot een geheel te brengen. Bij de grote aandacht van de critici voor de technische hoogstandjes van het bureau wor-

To create the discipline of industrial architect expresses more than anything the conviction that a proficient handling of materials and components and a command of the building process will in themselves not produce architecture. The architect's special ability is that given a package of requirements he can unite the different building components contained in a planning concept. The close attention paid

den de specifiek architectonische aspecten als ruimtewerking, maat en verhouding, transparantie en (dag)lichttoetreding nog al eens over het hoofd gezien. Toch spelen juist die aspecten in het werk van **CEPEZED** een belangrijke rol. In de vroege projecten richt de aandacht zich -zoals bij de meeste startende architecten- nog vooral op het oplossen van technische en organisatorische problemen in een ontwerp.

to CEPEZED's technical capabilities overlooks such specifically architectural aspects as the handling of space, dimension and proportion, transparency and light penetration. And yet it is these very aspects which play a major part in CEPEZED'S work. In the early projects its greatest concern - and that of most architects starting in practice - was still for solving a design's technical and

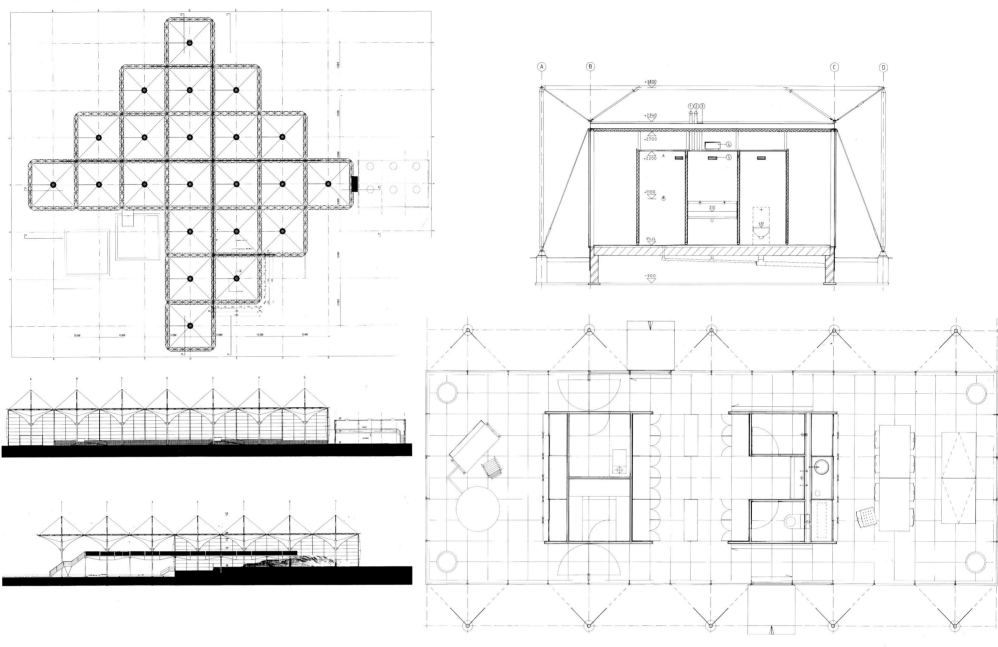

de kas, kan men via een lange hellingbaan loodrecht op de bestrate zone teruglopen naar het water.

Om economische redenen is een 'slap gebouw' ontwikkeld. De opmerking van Bugatti: 'Als je bang bent dat iets breekt, moet je het lichter maken.' is hierbij ter harte genomen. Door de verplaatsing ten gevolge van de windbelasting te accepteren, kan een lichte constructie worden toegepast. De tentdaken worden ter plaatse van een centrale kolom naar beneden getrokken en zijn aan de randen gespannen tussen stalen vakwerkliggers op een vierkant raster. De gevels bestaan uit 90 cm. hoge Lexanplaten (glas kan de grote buiging minder goed opnemen) tussen afgespannen stijlen. Om bewegingen ten gevolge van de windbelasting op te kunnen vangen zijn de lexangevels en tentdaken met de hoofdconstructie en onderling verbonden door middel van rubberprofielen die de verplaatsing van maximaal 10 cm. kunnen opvangen.

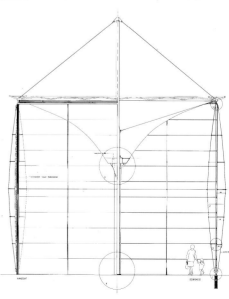

Dit zoeken is echter steeds gericht op het vinden van middelen om zich te bevrijden van de beperkingen die realisatie van het architectonisch idee in de weg staan. In het latere werk kunnen de resultaten van deze zoektocht steeds zelfverzekerder worden gebruikt en staat de techniek en de sturing van het bouwproces in toenemende mate in dienst van de architectuur. Het op basis van het programma van eisen opgestelde ruimtelijke/architectonische concept is steeds de motor van het plan. Technische innovatie en verfijnde detaillering zijn daarbij geen nagestreefde doelen op zich. Zij zijn steeds het technisch optimale antwoord op de door het concept gestelde vraag.

CEPEZED wordt in 1973 opgericht door Michiel Cohen, Jan Pesman en Rob Zee. De drie naamgevers hebben op dat moment enige jaren studie op de afdeling Bouwkunde van de TH in Delft achter de rug en besluiten om te gaan werken in de praktijk. De directe aanleiding tot de oprichting van het bureau is de opdracht voor een studie naar de ontwikkeling van een natte cel in opdracht van Krommenie Linoleum (430). TH docent Hein Hoogerwerf koppelde voor deze opdracht Michiel Cohen, die juist uit Australië was teruggekeerd, waar hij betrokken was geweest bij het opzetten van een keukenfabriek, aan Van Eyck studenten Jan Pesman en Rob Zee. Naast prijsvraaginzendingen bestaat het werk aanvankelijk vooral uit kleine verbouwingen, studieopdrachten voor produktontwikkeling en een aantal opdrachten voor grafische ontwerpen.

Niet toevallig is Jan Pesman in dezelfde periode medeoprichter en redactielid van het legendarische 'Utopia, tijdschrift voor wetenschappelijk amusement'.

Eenzelfde nieuwsgierig en enthousiast onderzoek naar de soms amusante grenzen van de techniek, architectuur en gra-

UTOPIA 8

Van 'Utopia, tijdschrift voor wetenschappelijk amusement' verschenen tussen 1975 en 1978 totaal tien afleveringen en twee specials. Onderwerpen liepen uiteen van 3D-kaarten, bouwplaten, Verkadeverpakkingen en Amerikaanse paperback cover art tot watertorenarchitectuur, de ontwerpen van Bugatti en de geschiedenis van de schrijfmachines.
De vormgeving van het blad was voor elke aflevering anders en culmineerde in een aflevering op de televisie, waarbij de abonnees onder andere werden uitgenodigd om gewapend met viltstiften deel te nemen aan het eerste interactieve tv-experiment.

'Items, tijdschrift voor vormgeving' werd in 1981 opgericht door vier architecten. Sinds het schuchtere begin in januari 1982 heeft het blad een aantal gedaantewisselingen ondergaan en is het uitgegroeid tot een volwaardig vormgevers-magazine. Jan Pesman was tot 1991 lid van de redactie

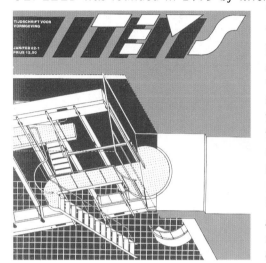

Between 1975 and 1978 ten issues and two 'specials' of 'Utopia, journal for scientific amusement' were issued. Its subjects varied from 3-D cards, cardboard models, chocolate wrappers and American paperback cover art to watertower architecture, designs by Bugatti and the history of typewriters.
The journal's design was different for each issue and culminated in a televised issue, in which subscribers provided with felt pens were invited to take part in the first interactive TV experiment.
'Items, design journal' was set up in 1981 by four architects. Since its inauspicious start in January 1982 the periodical has undergone a number of facelifts and has grown into a fully fledged design magazine. Jan Pesman was on its editorial board until 1991.

fische kunst welke Utopia aan de dag legt, is kenmerkend voor de beginperiode van CEPEZED. Pesman is tevens initiatiefnemer en redactielid van 'Items, tijdschrift voor vormgeving' dat in januari 1982 voor het eerst verschijnt. In de beginfase van Items presenteren de vormgevers die in het tijdschrift publiceren hun werk tijdens 'avonden van het vormgeven' in het houten noodgebouw waar CEPEZED inmiddels is gevestigd. Aan het eind van de jaren zeventig beginnen de opdrachten serieuze vormen aan te nemen en groeit het losse samenwerkingsverband uit tot een volwaardig architectenbureau. Na het gezamenlijk afstuderen van Jan Pesman en Rob Zee, gaat

organizational problems. This quest, however, was always attuned to finding the means to shake off the limitations impeding realization of the architectural vision. In the later work the results of this quest were exploited with an increasing self-assurance, and technical capability and control of the building process became more and more subservient to the architecture. The architectural/planning concept founded on the specifications has always been the project's driving force. Technical innovation and refined detailing in this respect are never objectives in themselves. They simply provide the best answer technically to the question raised by the concept.

CEPEZED was founded in 1973 by Michiel Cohen, Jan Pesman and Rob Zee. These three, whose surnames gave the firm its name, had at that time completed several years of study at the Architecture Department of Delft University of Technology and decided to set up in practice. The direct cause of the firm being founded was a study of the development of a bathroom capsule commissioned by Krommenie Linoleum (430). For this the Delft professor Hein Hoogerwerf brought together Michiel Cohen, who had just returned from Australia, where he had helped to set up a kitchen cabinet factory, and two of Aldo van Eyck's students, Jan Pesman and Rob Zee. Besides participation in competitions the work largely consisted to begin with of small conversions, studies on product development and a number of graphic designs. It is no coincidence that Jan Pesman in that same period helped found and co-edited the legendary 'Utopia, journal for scientific amusement'.

The same inquiring, enthusiastic investigation into the limits, amusing at times, of technique, architecture and graphic art found in Utopia is typical of the initial period of CEPEZED. Pesman is also founder and co-editor of 'Items, design journal' which first appeared in January 1982. In the initial phase of Items the designers who published in the magazine presented their work during 'design evenings' in the temporary building in which CEPEZED has since set up office. At the end of the seventies the commissions began taking on serious forms and the informal collaboration grew into a fully fledged architectural office. After

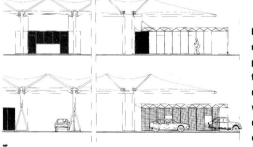

544 Shell pompstations, 1986
opdr.: Shell Verkoop Nederland bv
Ideeënprijsvraag voor pompstations.
Niet uitgevoerd
545 Horecapaviljoen, Rotterdam, 1986
opdr.: Janzon
Horecapaviljoen in de vleugel van Van Ravesteyns Station NS. Inmiddels verbouwd.

546 Vrijstaande woningwetwoning, Haarlem, 1986
opdr.: Gemeente Haarlem

Deze geprefabriceerde woning is ontworpen voor de experimentele woonwijk Zuiderpolder. Naast een (hernieuwde) poging tot industrialisatie van de woningbouw is het project tevens een onderzoek naar de mogelijkheid om de burgermansdroom -een vrijstaande woning- binnen een woningwetbudget te realiseren. Deze vrijstaande uitvoering opende de weg naar eenvoudiger materiaalgebruik, aangezien de eisen wat betreft geluidsisolatie en brandwering, zoals deze voor het traditionele rijtjeshuis bestaan, zo niet geheel, dan toch grotendeels konden vervallen.
De kubusvormige woning heeft in de standaarduitvoering twee bouwlagen van 7,2 x 7,2 meter, de 'deluxe' uitvoering is uitgebreid met een dakterras. De woning is vrijwel geheel in staal uitgevoerd. De draagconstructie bestaat uit een extreem licht staalskelet.
De stijfheid wordt verzorgd door geprefabriceerde stalen sandwich gevelpanelen. Deze zogenaamde mono-coque con-

546

structie, waarbij de sterkte eigenschappen van het skelet wordt gecombineerd met de stijfheids eigenschappen van de huid, wordt vaak toegepast bij vliegtuig- en racerijontwerpen, maar is voor de bouw ongebruikelijk. De beganegrondvloer bestaat uit schuimbeton met een vezelbeton afwerking. De verdiepingsvloer is opgebouwd uit geprofileerde staalplaat met een vrijliggende, 40 mm. anhydriet afwerklaag, het dak uit geprofileerde staalplaat met 100 mm. isolatie met pvc dakbedekking.
De voor- en achtergevel zijn voorzien van aluminium kozijnen. Het interieur bestaat uit een, naar wens van de bewoners veranderbaar, inbouwpakket. De mechanische luchtverwarming is voorzien van een warmteterugwinningssysteem.
Onder extreme weersomstandigheden, zo'n graad of tien onder nul, is op de markt in Haarlem in drie dagen een prototype gebouwd. Hoewel de technische en financiële randvoorwaarden volledig vervuld waren, strandde ook CEPEZEDs tweede poging tot industrialisatie van de woningbouw.

de laatste werken bij de gemeente Rotterdam. Michiel Cohen en Jan Pesman zetten het bureau samen voort. Op dit moment telt het bureau, door een gestage stroom opdrachten en gerealiseerde werken gedurende de jaren tachtig, twintig medewerkers. Een drietal projecten dat aan het begin van de jaren tachtig wordt gerealiseerd, is van belang geweest voor de richting waarin het bureau zich de laatste tien jaar heeft

Jan Pesman and Rob Zee had graduated together the latter went to work for the City of Rotterdam. Michiel Cohen and Jan Pesman continued running the firm together. At present the firm, owing to a steady stream of commissions and completed works during the eighties, boasts a staff of twenty.
Three projects completed at the beginning of the eighties have been of importance

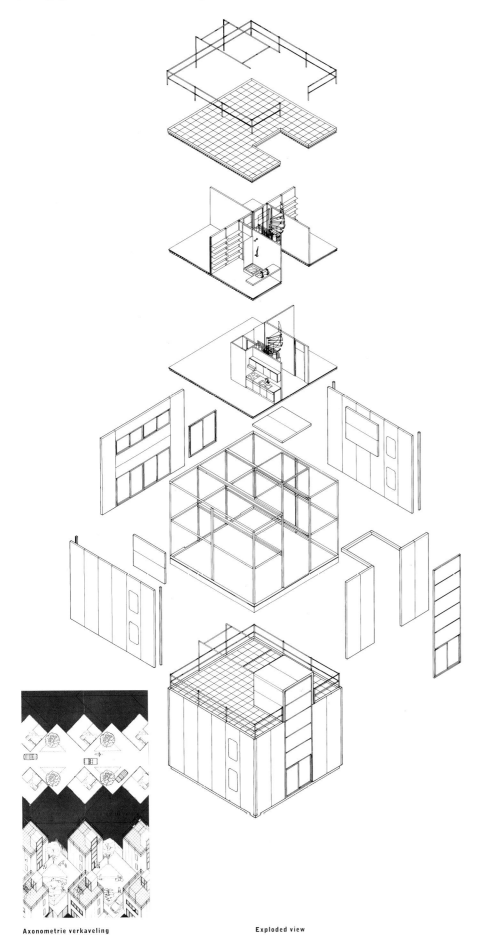

Axonometrie verkaveling   **Exploded view**

Het skelet van de proefwoning

Horizontale details

ontwikkeld. De bouw van vier woonhuizen in Naarden was de aanleiding tot een betere sturing van het werk op de bouwplaats. Door de produktie van onderdelen van het gebouw in toenemende mate te verplaatsen van de bouwplaats naar de fabriek, wordt de controle op de kwaliteit van de latere projecten sterk verbeterd. De uitbreiding van een apotheek in Haarlem en een havenkantoor in Rotterdam zijn de eerste resultaten van deze ontwikkeling. Een prijsvraaginzending voor de inrichting van een juweliers-winkel in Londen uit dezelfde periode is een vroege test van één van de belangrijkste architectonische concepten van CEPEZED: het geïntegreerde, ruimteorganiserende meubel geplaatst in een geklimatiseerd basisvolume.

De bouw van vier woonhuizen in de bossen bij Naarden (459) -het eerste grote project dat het bureau realiseert- blijkt wat betreft de gang van zaken op de bouwplaats niet minder dan een ramp. Althans zo denken de nog niet door jarenlang modderen op verschillende bouwplaatsen afgestompte, jonge ontwerpers over de middeleeuwse open-luchtwerkplaats die de aannemer voor elk project opnieuw op moet zetten. De traditionele aannemer blijkt niet overweg te kunnen met de nauwkeurigheid van de maatvoering en detaillering die het deels geprefabriceerde ontwerp vereist. Ook de lange bouwtijd, in dit geval mede veroorzaakt doordat de oorspronkelijke aannemer halverwege de bouw failliet gaat, maar overigens inherent aan het traditionele bouwen, is de ontwerpers een doorn in het oog. Geconfronteerd met het ad hoc karakter van de bouw en de vele aftimmerlatjes als oplossing voor de maatfouten die hierdoor ontstaan, besluit CEPEZED de greep op het uitvoeringsproces in de toekomst te vergroten. Door tijdens het ontwerpproces te anticiperen op de assemblage van de bouwonderdelen op de bouwplaats kan een groot deel van de problemen worden voorkomen. Gebouwonderdelen kunnen in de fabriek worden geprefabriceerd, zodat de kwaliteit van het produkt beter in de hand kan worden gehouden. Droge assemblagemethoden van deze geprefabriceerde onderdelen aan een maatvast staalskelet garanderen een snelle, precieze uitvoering op de bouwplaats. Door een dergelijke bouwmethodiek wordt een groot deel van de beslissingen, die traditioneel door de aannemer tijdens de bouw en op de bouwplaats worden genomen, verplaatst naar de ontwerpfase. Een gevolg van deze werkwijze is dat ook de bouwvolgorde -en daarmee de planning van de bouw- in de ontwerpfase dient te worden bepaald. De ontwerper heeft hiermee een groot deel, zo niet alle taken van de aannemer overgenomen.

Uiteindelijk neemt CEPEZED dan ook de logische stap om de aannemer ook daadwerkelijk uit te schakelen en het werk zelf partieel aan de verschillende onderaannemers/producenten uit te besteden. Een situatie die in Nederland vrij ongebruikelijk, maar in het buitenland vaak de gewoonste zaak van de wereld is. Paradoxaal genoeg brengt deze uiterste consequentie van een industriële benadering van de bouw de architect in eenzelfde positie als die van de pre-industriële architect. Deze was immers behalve ontwerper van het gebouw eveneens hoofdaannemer cq organisator van het bouwproces.

De verbouwing van apotheek Frans Hals (467) in Haarlem is het eerste project waar prefabricage een grote rol speelt. Een bestaande langgerekte uitbouw aan de achterzijde van het pand wordt ingericht met voorzieningen als laboratorium, berging en

in pointing the direction in which the practice has been developing over the last ten years. It was the building of four dwellings in Naarden that laid the foundations for a greater control over work on site. By gradually shifting production of building components from the site to the factory, the firm's influence on the quality of the later projects was very much greater. The extensions to a pharmacy in Haarlem and the Wetering Port Repair office in Rotterdam were the first fruits of this development. A competition entry for the interior design of a jeweller's shop in London from that period is an early test of one of CEPEZED's most important architectural concepts: the integrated, space organizing furniture unit placed in a 'conditioned' basic volume.

As regards the state of affairs on site, the building of four dwellings in the woods near Naarden (459) - the first major project by the practice - was nothing short of a disaster. That at least was the opinion of the young designers, not yet deadened by years of slogging around building sites, on being confronted with the medieval open-air workshop a contractor must set up for each project. The traditional contractor seems unable to cope with the accuracy of measurement and detailing that semi-prefabricated design requires. The long construction period, in this case partly the result of the original contractor going bankrupt halfway through construction, but in fact inherent in traditional building, was another source of annoyance to CEPEZED. Confronted with the ad hoc character of the building industry and the many resulting clumsy solutions applied to errors in measurement, CEPEZED decided to tighten its grip on the construction process in the future. By designing for the assembly of components many on-site problems could be avoided. Building components can be prefabricated in the factory, so that the quality of the product can be kept under greater control. By applying dry construction methods to these prefabricated components and a dimensionally stable steel frame, rapid, precise on-site assembly is guaranteed. Through such building methods a large part of the decisions traditionally taken by the contractor during construction and on the building site, is shifted to the design phase. A consequence of this working method is that the sequence of building - and the planning - needs to be determined at the design stage.

Thus the designer appropriates most, if not all of the tasks of the contractor. Finally CEPEZED has taken the logical next step of doing away with the contractor altogether and allotting work to the various subcontractors and manufacturers. This situation is fairly unusual in the Netherlands, though abroad it is often the most normal thing. Paradoxically enough, this extreme consequence of an industrial approach to building places the architect in a position very like that of the pre-twentieth century architect, who was not only designer of the building but also main contractor, or rather organizer of the building process.

The conversion of the Frans Hals pharmacy in Haarlem (467) was the first project in which prefabrication played a significant role. An existing elongated volume at the rear of the premises was furnished with a laboratory and storage and

548 Dashboard, Amsterdam, 1986
opdr.: gemeente Amsterdam

Meervoudige opdracht voor een in de deur geïntegreerde briefkast voor renovatieprojecten waarbij de ruimte voor brievenbussen naast de voordeur ontbreekt.

549 Tandartspraktijk, Nootdorp, 1986-1987
opdr.: S. Spaans

Verbouwing van een brandweergarage tot tandartspraktijk.

551 Tentoonstelling IoN, RAI Amsterdam, 1987
opdr.: Stichting Industrieel Ontwerpen Nederland

Stand voor wisselende gepremieerde produkten.

552 Woonhuis, Den Hoorn, 1986-1987
opdr.: P. Jonquière

Verbouwing.

553 Zit-lig combinatie voor Ministerie Binnenlandse Zaken
opdr.: De Waal Woerden

In samenwerking met Friso Kramer ontworpen meubilair voor schuilkelders. Het prototype was te zien op de tentoonstelling Holland in Vorm.

slaapruimte. Aan dit bestaande basisvolume worden aan de lange naar een binnen-terrein gerichte gevel twee specifieke elementen in de vorm van geprefabriceerde 'meubels' toegevoegd: een koffiehoek/pantrymeubel en een kastenblok. Het toegevoegde karakter van deze meubels wordt benadrukt door tussen de elementen en op de aansluiting bij het dak glasstroken aan te brengen. De elementen zijn door een meubelmaker gemaakt van multiplex met een honingraatvulling en een epoxy-coating, compleet voorzien van leidingen en verlichting en in hun geheel aangevoerd en geplaatst. De hout-epoxy techniek is afkomstig uit de jachtbouw en door het bureau eerder toegepast in de verbouwing van boekwinkel Woutertje Pieterse in Rotterdam. Na de geslaagde test met geprefabriceerde gebouwonderdelen in Haarlem kan de methodiek tijdens de uitbreiding van Wetering Port Repair in Rotterdam (483) op een grotere schaal worden toegepast. Het kantooroppervlak van een bedrijfsgebouw met een strook kantoren langs een hoge bedrijfshal is door het stapelen van geprefabriceerde kantoorunits op de bestaande kantoorlaag verdubbeld. Een cilindervormig hout-epoxy trappehuis verbindt de entree en de bestaande kantoorlaag met de nieuwe kantoren. De kantoorunits zijn gefabriceerd door een vrachtwagencarrosseriebedrijf, het trappehuis door een jachtwerf. Het is tekenend voor CEPEZED dat men zonodig producenten buiten het eigenlijke bouwbedrijf zoekt, als blijkt dat de gekozen constructie binnen de bouw uit onwil of onkunde onmogelijk is. Terwijl de mogelijkheden van industrialisatie van de bouw in de praktijk worden uitgetest werkt het bureau aan een industrieel woningbouwsysteem. Dit Heiwo systeem (474) is genoemd naar de fabrikant van de kantoorelementen voor Wetering Port Repair, die het systeem in produktie neemt en voor zichzelf een proefwoning bouwt. Het is één van de weinige consequent doorgevoerde geïndustrialiseerde woningbouwsystemen. Het systeem is een logisch vervolg op eerdere bemoeienissen met droge bouwmethoden, lichte staalconstructies, zelfdragende gevelelementen en uitwisselbare utilitaire units. Ondanks de veranderingen in bouwmethodiek en de grote toename en het belang van het leidingwerk binnen de woning is de hoofdopzet van de seriematige woningbouwsystemen

De kantoorelementen voor Wetering Port Repair werden over het water vervoerd en vanaf de boot op hun plaats getild.

The office elements for Wetering Port Repair were conveyed over the water and hoisted into place from the barge.

zoals de gietbouw ten opzichte van het traditionele grachtenpand in feite niet veranderd. Met geavanceerde betontechnieken worden in grote series smalle, diepe woningen met dragende woningscheidende wanden vervaardigd, die in maat en typologie zijn gebaseerd op de traditionele techniek van gemetselde wanden en houten vloeren. Voor het leidingwerk is in deze opzet eigenlijk nog steeds geen eigen plaats bepaald. Door middel van hakken, frezen en boren wordt -grotendeels achteraf- ruimte gemaakt voor de grote hoeveelheid leidingen die in de hedendaagse woning dient te worden opgenomen. Het Heiwo-systeem tracht deze problemen geïntegreerd op te lossen. Voor de draagconstructie, vloer-, dak- en wandconstructies en met name de plaats van

sleeping facilities. On the long side of this existing volume, looking onto an internal court, CEPEZED added two specific elements in the form of prefabricated 'furniture'; a coffee corner-cum-pantry unit and a storage unit. That these units are additional has been emphasized by introducing glazed strips both between the elements and joining them to the roof. The elements were made by a cabinetmaker from plywood with a honeycomb infill and an epoxy resin coating. Fully furnished with cables and lighting, they were transported and installed complete. The wood-epoxy resin technique derives from yacht-building and was used earlier by the firm in their conversion of the Woutertje Pieterse bookshop in Rotterdam. After the successful test with the prefabricated components in Haarlem the technique could be applied on a larger scale during the extensions to Wetering Port Repair in Rotterdam (483). The office floor area of a commercial building, which has a row of offices along a tall workshop, is doubled by placing prefabricated office units on the existing office level. A cylindrical wood-epoxy stairway links the entrance and the existing office level with the new office top floor. The former were made by a truck chassis manufacturer, the stairway by a yacht-builder. It is typical of CEPEZED to look for manufacturers outside the building industry whenever it appears that this industry would not, or could not, provide the required product.

While the possibilities of industrialization in building were being tested in reality the firm was working on an industrialized housing system. This Heiwo system (474) is named after the manufacturer of the office units for Wetering Port Repair, who then put the Heiwo system into production and from it built a prototype house for himself. It is one of the few industrialized housing systems to be carried through consistently. The system is a logical consequence to earlier involvements with dry construction methods, light steel structures, self-supporting facade elements and interchangeable service units. Despite changes in building methods and a significantly increased concern for cables, pipes and ducts inside the house, a dwelling unit cast on site in tunnel formwork differs little from the traditional canal house. Large series of narrow, deep dwellings separated by bearing walls are erected using advanced concrete techniques though their dimensions and typology are based on the traditional technique of brick walls and wooden floors. In this set-up service ducts and cables in fact still have no place of their own. By cutting and drilling space is made - usually out of sequence - for the vast quantity of cables and pipes needing to be incorporated in the home of today.

The Heiwo system endeavours to solve these problems collectively. For the load-

558

utilitaire functies en de leidingdistributie binnen de woning zijn daartoe nieuwe oplossingen ontwikkeld.

De woning heeft een naar functie gezoneerde opbouw met een vaste dieptemaat. Het systeem kan worden opgevat als een basisvolume bestaande uit een stalen draagconstructie langs de voor- en achtergevel met daartussen gehangen vloeren en daken. De

bearing structure, floor, roof and walls and in particular the place of service spaces - kitchen, bathroom, utility room - and their distribution within the dwelling, CEPEZED has developed new solutions. The dwelling is zoned according to function and has a fixed depth. The system can be conceived of as a basic volume consisting of a steel loadbearing structure along the front and rear with floors and roofs

559 Winkelcentrum Gelderlandplein, Amsterdam, 1987
opdr.: Philips Pensioenfonds Einhoven

Ideeënschets voor de re-styling van dit winkelcentrum. Niet uitgevoerd.

560 Orthodontistenpraktijk Nan, Voorburg, 1987-1988
opdr.: J. Nan

De driehoeksvorm van deze orthodontistenpraktijk is een direct gevolg van de vorm van het beschikbare terrein, een restruimte langs een spoorlijn aan het eind van een woonstraat. De beslissing om de gehele gevel in glas uit te voeren en om het open interieur slechts in te delen met enkele vaste meubelstukken is ingegeven door de wens om een opgesloten gevoel van de gebruikers van dit betrekkelijk kleine gebouwtje (150 m2) te voorkomen.

De materiaalkeuze, de constructie en detaillering zijn dusdanig dat dit in wezen eenvoudige concept optimaal gestalte kan krijgen.

Het binnen een beperkt vloeroppervlak complexe programma van eisen: entree, receptie, wachtruimte, toiletten, be-

handelruimte, röntgenkamer, doka, bergruimte voor apparatuur, modellen berging, pantry, verblijfruimte voor orthodontist en assistenten, kantoor en installatieruimte dit alles met een gescheiden routing voor de cliënten en de orthodontist/assistenten, is door de plaatsing van drie 'containers' -een toiletblok, een installatieblok en een doka/röntgenblok- en door de vrije plaatsing van enige meubels georganiseerd. Door de concentratie van de functies in enige vrijstaande meubels wordt een verdeling in geschakelde 'hokjes' voorkomen en krijgt de kleine ruimte toch een ruime allure.

De pythagorëische driehoek van 15 x 20 x 25 meter wordt door stalen spanten, bestaande uit ronde kolommen met onderspannen liggers h.o.h. 4 m. overspannen. Een bouwput is niet gegraven: de vloer, een betonnen systeemvloer op stalen funderingsbalken, rust direct op de heipalen die boven het maaiveld uitsteken.

Kanalen en leidingen konden hierdoor gemakkelijk onder de vloer worden aangebracht. Voor de beglazing is grijsgetint

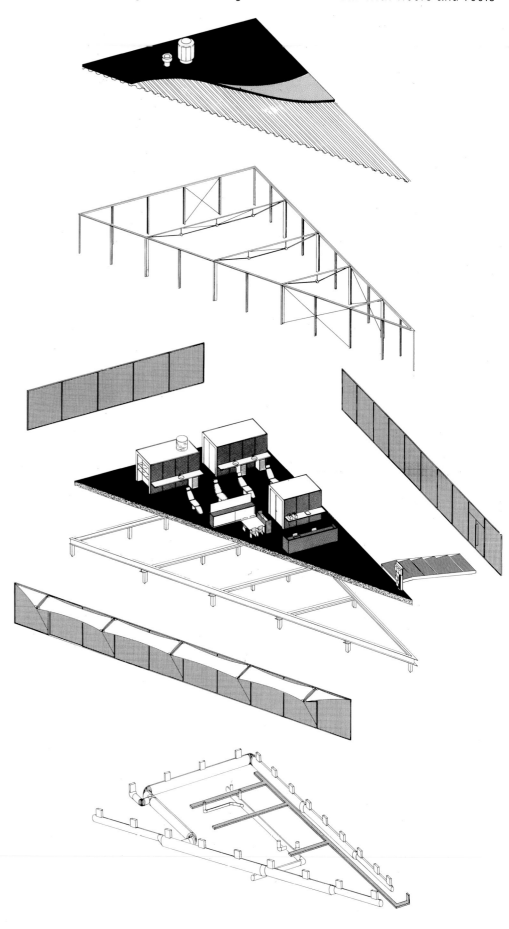

draagconstructie wordt tevens benut als 'kapstok' om verschillende utilitaire elementen en accessoires aan het basisvolume te hangen. Door in de breedte te variëren en door de uitwisselbaarheid van geprefabriceerde utilitaire elementen kan een grote variatie in woningtypes worden gerealiseerd. De oplossing van de maat- en tolerantieproblematiek van het traditionele bouwen neemt in het ontwerp een aparte plaats in. Door

suspended in-between. The supporting structure at the same time functions as a 'coatstand' for hanging various service elements and accessories on the basic volume. Variation in the width and the possibility of prefabricated service elements to interchange allows a wide variety of dwelling types to be realized. The solution to the problems of dimensions and tolerance in traditional building

Detail dakrand

glas gebruikt; van binnenuit doorzichtig, van buiten naar binnen ondoorzichtig zonder dat dit -zoals bij reflecterend glas-ten koste gaat van het transparante karakter. De glasplaten van 3 x 3 m. zijn gevat in rubberprofielen. De entreedeur en de schuifdeuren ter plaatse van de behandelstoelen zijn in ongekleurd glas uitgevoerd.

Een speciaal ontwikkeld dakranddetail met een terugliggende dakopstand voorkomt dat een zware bovenrand het lichtvoetige karakter van de glasgevel teniet zou doen. Vanuit het interieur gezien lijken onder-en bovenregels te ontbreken. De stalen windstijlen tussen de kolommen zijn om het transparante karakter te bewaren met ronde gaten geperforeerd. Staalkabels in de wanden en het dak verzorgen de stabiliteit.

Het dak bestaat uit in het zicht gelaten geprofileerde staalplaten, met daarop een isolatiepakket en een PVC dakbedekking.

de staalconstructie als maatuitgangspunt te nemen worden de tolerantiegrenzen teruggebracht. En door uit te gaan van de reeks van Fibonacci bij het bepalen van de maten van de geprefabriceerde elementen kan met een beperkte reeks zonder passtukken een grote variatie in de samenstelling van het pakket worden bereikt.

Hoewel er van het systeem een prima functionerende proefwoning is gebouwd, heeft

occupies a place of its own in the design. By adopting the steel structure as the dimensional point of departure tolerance limits are reduced. By basing the dimensions of the prefabricated elements on the Fibonacci series of numbers a limited number of elements not requiring infills is able to produce a wide variety of possible combinations.

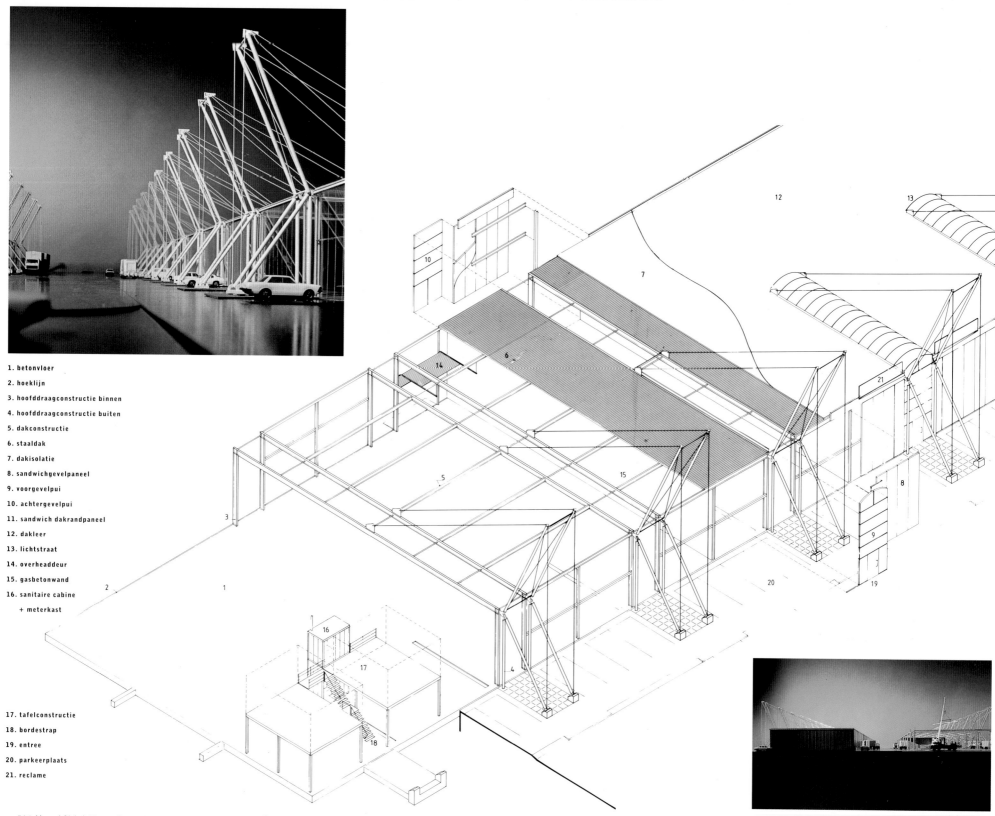

1. betonvloer
2. hoeklijn
3. hoofddraagconstructie binnen
4. hoofddraagconstructie buiten
5. dakconstructie
6. staaldak
7. dakisolatie
8. sandwichgevelpaneel
9. voorgevelpui
10. achtergevelpui
11. sandwich dakrandpaneel
12. dakleer
13. lichtstraat
14. overheaddeur
15. gasbetonwand
16. sanitaire cabine
   + meterkast

17. tafelconstructie
18. bordestrap
19. entree
20. parkeerplaats
21. reclame

564 Ahrend Cirkel, Zwanenburg, 1987
opdr.: Ahrend Cirkel
Herstructureringsontwerp voor een bestaande fabriek.
Niet uitgevoerd.

565 Bedrijfsverzamelgebouw, Rotterdam, 1987-...
opdr.: Wilma Bouw Rijswijk. In voorbereiding.
Op een bedrijfsterrein nabij vliegveld Zestienhoven zijn
twee bedrijfsverzamelgebouwen gepland, waarbij de econo-

mie van constructie evenals bij de bedrijfsverzamelgebouwen in Haarlem en Nieuwegein een belangrijke rol speelt. De beide gebouwen staan met hun 'expeditiekant' naar elkaar toe gericht. De tussenruimte tussen de de bouwstroken wordt benut als expeditiestraat. Voor de indeling van de bedrijfsunits is rekening gehouden met kantoorruimten aan de representatievere 'voorzijde' van de blokken.
De dertig meter diepe en zeven meter hoge bedrijfshallen

worden kolomvrij overspannen door middel van een dubbel stel stalen portalen welke naar de voorzijde van de blokken zijn afgetuid. Deze buiten de gevel geplaatste tuiconstructie dient tevens als 'eye-catcher' voor de beglaasde entrees. Tussen de liggers bestaat de mogelijkheid om een daklichtstrook aan te brengen, zodat het daglicht tot diep in het gebouw kan doordringen.
In feite is het ontwerp een 'gehalveerde' versie van eerdere

bedrijfsverzamelgebouwen in Haarlem en Nieuwegein. Deze 'halvering', waardoor de aandachttrekkende hoofddraagconstructie naar de gevel is verplaatst, levert een representatiever beeld op. Bovendien ontstaat een specifieke voor- en achterzijde van de units, welke niet alleen een efficiëntere indeling van de hallen mogelijk maakt, maar bovendien een representatievere entree mogelijk maakt en meer ruimte voor kantoorruimten aan de gevel overlaat.

het Heiwo-woningbouwsysteem niet de beoogde revolutie in de woningbouw tot gevolg. Het systeem blijkt een briljant antwoord op een niet gestelde vraag. De markt, met name opdrachtgevers en ontwikkelaars, zit blijkbaar niet op innovatie te wachten en moddert liever traditioneel voort. Voor CEPEZED is de ontwikkeling van het Heiwo-systeem voor de latere projecten van groot belang gebleken. Het heeft als laboratorium voor verschillende technieken en concepten gediend. Ook een tweede poging tot industrialisatie van de woningbouw, ditmaal voor een vrijstaande woningwetwoning in de Haarlemse Zuiderpolder (546), wacht ondanks de bouw van een geslaagd prototype vooralsnog op realisatie van de serie. Een industrieel systeem dat wel tot realisatie komt is het inrichtingssysteem voor de telefoonwinkels van de PTT. De filosofie achter het systeem is de gedachte van een lege, geklimatiseerde huls -in dit geval de leeggebroken bestaande winkelruimte-waarbinnen een specifiek meubel wordt geplaatst. Het meubel betreft in dit geval de complete winkelinrichting opgebouwd uit geperforeerde stalen spanten als kapstok, waaraan het plafond en verschillende wandpanelen en -elementen kunnen worden gehangen. Alle elementen van het systeem zijn geprefabriceerd waardoor de inrichting van de winkels, mits goed voorbereid, een kwestie van dagen is en als het moet in één dag kan worden gerealiseerd. Het systeem is gebaseerd op een moduulmaat van 90 cm. en is voldoende flexibel gebleken om verschillende ruimtevormen in te kunnen richten. Uiteindelijk zijn er in de loop der jaren zo'n tachtig winkels met het systeem ingericht. Met dezelfde uitgangspunten is tevens een vergelijkbaar inrichtingssysteem voor de Verkoop Advies Centra van de PTT ontwikkeld.

Evenals de Heiwo-woning beweegt de ontwikkeling van deze winkelinrichtingssystemen zich op de grens van industrieel ontwerpen en architectuur. Het uitgangspunt, een basisvolume met een specifieke, flexibele inrichting is architectonisch, maar de uitwerking van de geprefabriceerde onderdelen is altijd industrieel. Hoewel de interesse van CEPEZED in industriële vormgeving en produktie onmiskenbaar is, heeft het bureau betrekkelijk weinig aan reële opdrachten voor produktontwikkeling gewerkt.

Een vroeg voorbeeld is het ontwerp van een geëxtrudeerd aluminium profiel voor zwembadcabines van HAFKON (480). Op basis van dit ene profiel kunnen, door inschuiven en/of het (gedeeltelijk) infrezen van het profiel, alle voor douche-, toilet- en kleedcabines benodigde aansluitingen van deuren, wandpanelen en dergelijke worden gerealiseerd. Samen met Ahrend Design en vloersysteembedrijf Van Dam is in het kader van de oprichtingstentoonstelling van Boosting het Ductilesysteem (211) ontwikkeld: een plug-in werkplek, waarbij al het leidingwerk in de vloer is opgenomen en op het specifieke gebruik aangepast werkblad op de vloer kan worden ingeplugd;

Although a prototype dwelling has been built using the Heiwo system with first-rate results, the system has not led to the revolution in housing construction that was hoped for. It seems to be a brilliantly worded answer to a question yet to be asked. The market, particularly clients and developers, evidently is not interested in innovation. It would rather plod on along traditional lines.

For CEPEZED, developing the Heiwo system turned out to be of major significance for later projects. It has served as a laboratory for numerous techniques and concepts. A second attempt to industrialize housing construction, this time for detached social housing in Haarlem's Zuiderpolder (546) is, despite the building of another successful prototype, till waiting to be batch-produced. An industrial system that has in fact been realized is the furnishing system for the telephone shops of the Netherlands Post-Telegraph-Telephone Service (PTT). The philosophy underlying the system is the concept of an empty, 'conditioned' shell - in this case the gutted existing shop space - in which a specific furnishing unit is inserted. Here the unit is the complete shop furnishing assembled out of perforated steel profiles - the 'coatstand' - off which the ceiling and assorted wall panels and elements can be hung. All elements of the system are prefabricated which means that furnishing the shops, if well planned, is a matter of a few days, even a single day if necessary. The system is based on a module of 90 cm and thus has sufficient flexibility to fit out a wide variety of spaces. Over eighty shops have been fitted with the system over the years. And another, comparable fitting system with the same points of departure has been developed for the PTT's sales advice centres. Like the Heiwo system the development of the shop fitting system borders between industrial design and architecture. The point of departure, a basic volume

Het keukenblok van de Heiwo- proefwoning wordt ingehangen.
The kitchen unit of the Heiwo- experimental house being hung in place.

with a specific, flexible internal arrangement is architectural, but the way the prefabricated components are developed is consistently industrial. Although CEPEZED's concern with industrial design and production is indisputable, the practice has worked on relatively few actual commissions for product development. An early example is the design for an extruded aluminium section for swimming pool cubicles (480). Based on this one section all fixing elements needed for the doors, wall panels and suchlike of shower, toilet and changing cubicles can be created by sliding and/or cutting into the section. Together with Ahrend Design and Van Dam floor system manufacturers CEPEZED developed for the inaugural Boosting foundation exhibition the Ductile system (211), a workplace in which all cables and pipes are run through the floor from where they can be plugged into task-specific worktops: an integration of loadbearing computer floors and

567

574

574

een integratie van (dragende computer) vloeren en kantoormeubilair.

Veelal is de produktontwikkeling niet het gevolg van een specifieke vraag vanuit de industrie, maar eerder een antwoord op een in de ontwerpopgave ontstaan probleem. Een voorbeeld hiervan is het door het bureau ontwikkelde hoekstuk voor de geprofileerde stalen gevelplaten. Op zich niets bijzonders, maar het bestond domweg nog niet en dus ontwikkelde het bureau het zelf toen de vraag daarna in een ontwerp ontstond. Vaak wordt een in het ene project ontdekte techniek in vervolgprojecten verder ontwikkeld. De voor de boekwinkelinrichting gebruikte hout-epoxytechniek wordt in het ontwerp voor de Apotheek Frans Hals op gedurfder schaal toegepast. De sandwich-elementen van Wetering Port Repair leiden tot de zelfdragende utilitaire pre-fab elementen in de Heiwo-woning en uiteindelijk tot de zelfdragende sandwich-elementen van onder andere het High-Tech Centre (512) en de Twee-zonder-één-kap woning (588). De voor de loopbruggen van het High Tech Centre gebruikte constructie van geprofileerde staalplaat vloeren met een anhydriet vloeivloer keert terug in de Twee-zonder-één-kap woning en het woonhuis aan de Schutterstraat in Delft (621).

Dit opnieuw gebruiken van een ontdekte techniek in vervolgprojecten is in de gemiddelde architectuurpraktijk niet uitzonderlijk, het bijzondere in deze gevallen is dat het innovatieve technieken of nieuw ontwikkelde produkten betreft die later op veel grotere schaal ook buiten de eigen bouwpraktijk hun toepassing vinden.

In de loop der jaren zijn verschillende meubels ontworpen, zoals een tafel voor de PTT-winkels en vrijhangende keukenblokken voor verschillende woningen. Ook hier is er echter sprake van op het specifieke project toegesneden ontwerpen; de ontwerpen komen over het algemeen niet voorbij de fase van het eerste prototype. Een situatie die typerend is voor de bouw als geheel. In het artikel 'Een nieuwe discipline: Industrieel Architect' komt het concept van het basisvolume aangevuld met specifieke, utilitaire elementen uitgebreid aan bod. Het is zonder meer het architectonische concept dat veel, zo niet alle ontwerpen van het bureau kenmerkt. De verantwoording die in het artikel voor dit concept wordt gegeven, is vooral een technisch/organisatorische. Door het splitsen van de bouwkundige

office furniture. Often product development is not the result of a specific demand from within the industry, but more a response to a problem arising during the design task. An example of this is the corner piece the practice developed for profiled steel cladding. Nothing special in itself, it simply did not exist before and then was developed by CEPEZED when a design demanded it. Often a technique evolved in one project is developed further in subsequent projects. Thus the wood-epoxy technique used for the bookshop interior was applied at a more audacious scale in the Frans Hals pharmacy. The sandwich construction elements of Wetering Port Repair led to the self-supporting prefabricated service elements in the Heiwo house and finally to the self-supporting sandwich panelling of the High-Tech Centre (512), the Semi-detached Houses (588) and others. The system of corrugated steel floors with a poured anhydrite infill used for the footbridges of the High-Tech Centre return in the Semi-detached Houses and the Schutterstraat house in Delft (621).

Taking techniques evolved for one project and reemploying them in subsequent projects is nothing exceptional in standard architectural practice; what is unusual here, however, is that it now concerns innovative techniques or newly developed products that would be applied outside CEPEZED's own practice on a far greater scale. Over the years CEPEZED has developed various items of furniture, including a table for the PTT shops and free suspended kitchen units for a number of dwellings. Yet these too are designs that were custommade for a specific project; the designs generally get no further than the first prototype - a situation typical of building in general.

In the article mentioned at the outset ('A new discipline: Industrial Architect') the concept of a basic volume supplemented by specific, service elements is raised for discussion. It is without doubt the one architectural concept characterizing many if not all of the firm's designs. The article justifies this concept primarily in technical and organizational terms. By splitting the required design into a 'conditioned', empty volume and a furnishing unit integrating all services and

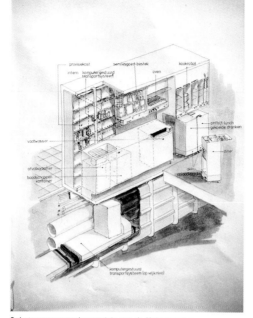

Schets van een toekomstvisie van de Heiwowoning.
De woning is aangekoppeld op een uitgebreid leiding- en communicatie netwerk.

Het Ductile-systeem is een Booosting samenwerkingsproject van CEPEZED, Ahrend Design en Van Dam vloeren. Booosting (Bevordering van Onderzoek, Ontwerp en Ontwikkeling in Samenwerkende Teams van Industriële Gebouwonderdelen) is een platform voor architecten, industrieel ontwerpers en producenten in de bouw, die door samenwerking en onderlinge uitwisseling van ervaringen de industrialisatie van de bouw tracht te bevorderen. CEPEZED is vanaf de oprichting lid van Booosting.

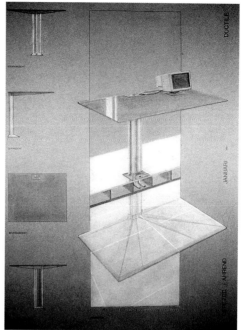

Sketch of the Heiwo house set in the future.
It is linked to an extensive network of cables and pipes for services and communications.

The Ductile system is a collective project by Booosting members CEPEZED, Ahrend Design and Van Dam. Booosting (the 3 o's stand for the Dutch for 'research, design and development') is a platform for architects, industrial designers and manufacturers in the building industry. It seeks to advance industrialization of building through collaboration and the exchanging of experiences. CEPEZED is a founding member.

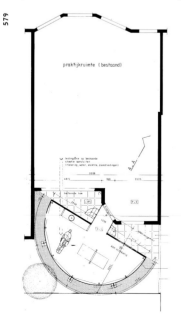

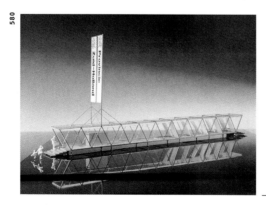

579 Orthodontistenpraktijk, Haarlem, 1988-1990
opdr. Sandy van Teeseling

Halfrond glazen paviljoen als maximale vulling van een beperkt binnenterrein achter de bestaande praktijk. Omdat op het beperkte binnenterrein niet gewerkt kon worden is het paviljoen in zijn geheel geprefabriceerd en door een

kraan vanaf de straat op zijn plaats gezet. Uitbreiding van project nummer 500.

580 Paviljoen Floriade, Zoetermeer, 1988
opdr.: Provincie Zuid-Holland

Ontwerp voor een expositiepaviljoen voor de provincie Zuid-Holland. Niet uitgevoerd.

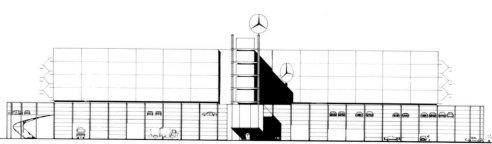

581 Bedrijfshal, Negombo SriLanka, 1988
opdr.: P. v. Heeswijk

Eenvoudige hal voor een naaiatelier.

582 LIAM garage, Alphen a/d Rijn, 1988
opdr.: Bouwmij. Voorbij Beton bv. **Ontwerp voor een garage met kantoorontwikkeling. Niet uitgevoerd.**

opgave in een geklimatiseerd, leeg volume en in een strategisch in dit volume geplaatst meubel, waarin alle utilitaire voorzieningen zijn geïntegreerd, worden de traditionele aanpassingsproblemen, met name bij verbouwingen, voorkomen en ontstaat een werkterrein voor een nieuwe discipline: de industrieel architect. Deze combineert de kennis van industriële produktietechnieken met het ruimteorganiserend vermogen van de architect. Het geïntegreerde meubel kan op industriële wijze worden geprefabriceerd en geplaatst in het op traditionele, bouwkundige wijze voorbereide volume. Dit basisvolume kan een door een traditionele aannemer leeggemaakt, bestaand gebouw zijn, maar ook op de bouwplaats uit geprefabriceerde bouwcomponenten worden opgebouwd.

Behalve een in het volume geplaatst element, kunnen de elementen, zoals bij de Heiwo-woning, ook aan de buitenzijde aan het volume worden gehangen. Een variant hierop is het 'parasiet-principe', waarbij de aangehangen elementen profiteren van de traditioneel aanwezige overmaat in de draagconstructie, zoals bij het WPR-kantoor en bij de studie voor de ballet-HAVO in Rotterdam (558). In de latere projecten verschuift de houding ten opzichte van het concept van een functioneel/organisatorische naar een meer ruimtelijk/architectonische uitwerking. De functionele verantwoording blijft, maar wordt uitgebreid met een grotere aandacht voor het ruimteorganiserende vermogen van het vrij in de ruimte geplaatste meubel. Het concept van een ruimteorganiserend meubel in een omhullend basisvolume is niet uniek; het steekt vooral in de moderne architectuur op verschillende plaatsen de kop op. Eén van de meest pure voorbeelden is het Farnsworth House van Mies van der Rohe. Is het Farnsworth House vooral een voorbeeld van het architectonische aspect van het concept, dan zijn Gerrit Rietvelds kernwoningen een illustratie van het functionalistische/industriële aspect.

Voor de (nooit gebouwde, maar dat is het lot van alle geïndustrialiseerde woningbouwsystemen in Nederland) kernwoningen ontwikkelde Rietveld geïntegreerde kernen voor de massawoningbouw, waarbij de trappen, natte cel- en keukenfuncties en al het leidingwerk in drie centraal geplaatste vertikale elementen zijn samengevoegd. De vloeren -in split-level opstelling- kunnen vrij aan de centrale kern worden gekoppeld.

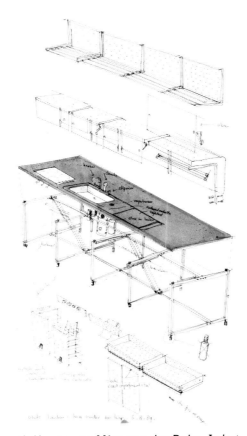

Ontwerpschets van het keukenblok voor de Twee-zonder-één-kap woning.

Vrijhangend keukenblok in de Twee-zonder-één-kap woning.

Design sketch of a kitchen unit for the Semi-detached Houses.

Freely suspended kitchen unit in one of the Semi-detached Houses.

strategically placed in this volume, the traditional problems of modification, particularly conversions, are avoided and a field of operation is created for a new discipline: the industrial architect. This combines the knowledge of industrial production techniques with the space-organizing ability of the architect. The integrated furnishing unit can be prefabricated industrially and placed in the volume, which has been prepared along traditional lines. This basic volume can be an existing building gutted by a traditional contractor, but it can also be assembled on site from prefabricated building elements.

As well as inserting the unit into the volume, units can be hung on its exterior, as in the Heiwo house. One variation is the 'parasite principle' whereby the hung elements profit from the normal over-design of the structure, as in the WPR offices and in the study for the HAVO School for Ballet and Music in Rotterdam (558). In the later projects the attitude towards the concept shifts from a functional, organizational treatment to one more spatial and architectural. The functional justification remains, but is expanded with a greater concern for the space-organizing capacity of the freestanding furnishing unit. The concept of a space-organizing furnishing unit in an encompassing basic volume is nothing unique; it crops up here and there, particularly in modern architecture. One of the purest examples is the Farnsworth House by Mies van der Rohe. If the Farnsworth House exemplifies principally the architectural aspect of the concept, Gerrit Rietveld's 'core' dwellings are an illustration of the functional-industrial aspect. For these dwellings, which were never built - apperently this is the fate of all industrialized housing systems in the Netherlands - Rietveld developed integrated cores for the mass-produced dwelling in which stairs, bathroom, toilet and kitchen facilities, and all cables and pipes were brought together into three vertical units placed centrally. The floors - in a split-level arrangement - can be linked freely to the central core. Mies' Farnsworth House is a curious foreshadowing of more than one CEPEZED concept - the space-organizing furnishing unit and the glass pavilion, the facade as filter and the visually decisive supporting structure

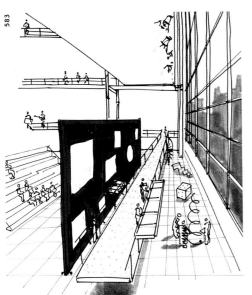

583 Renovatie/uitbreiding KABK, Den Haag, 1988-1990
opdr.: Koninklijke Akademie voor Beeldende Kunst

Uitbreiding in voorbereiding.

Ingrijpende verbouwing van de door Jan Buijs ontworpen akademie, waarbij het bestaande oppervlak verdubbeld moet worden. De binnenplaats van het bestaande gebouw wordt hierbij omgebouwd tot atrium en in gebruik genomen door een aula, expositieruimte en -tussen de bestaande gevels gehangen- atelierblokken.

De gangen van het bestaande gebouw worden bij de lokalen getrokken en vervangen door een nieuwe verkeersstructuur in het atrium. De gevels van het bestaande gebouw zijn inmiddels vervangen door nieuwe stalen kozijnen. De uitbreiding wacht op financiering van het Ministerie van Onderwijs en Wetenschappen.

584 Bedrijfsrestaurant + zalencentrum TNO, Delft, 1988
opdr.: TNO Delft -Ontwerp voor een zalencentrum en bedrijfskantine in een bestaande laboratoriumhal.

Niet uitgevoerd.

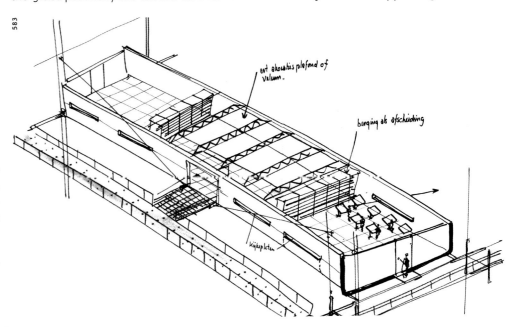

Mies' Farnsworth House is een curieuze schaduw vooraf van meerdere CEPEZED-concepten, niet alleen het ruimteorganiserend meubel, maar ook het glazen paviljoen, de filterwerking van de gevel en de buiten het volume geplaatste beeldbepalende draagconstructie. Rietvelds vroege poging tot industrialisatie van de woningbouw heeft zeker CEPEZEDs sympathie. Het is echter vooral Joe Colombo geweest die Jan

placed outside the volume. Rietveld's early attempt to industrialize domestic construction certainly has CEPEZED's sympathy. However, it was Joe Colombo who was most instrumental in steering Jan Pesman towards the space-organizing furnishing unit. Colombo is best known as designer of the 'Universale' series of polypropylene stackable chairs (1965) and the 'Boby' trolley (1970) found in

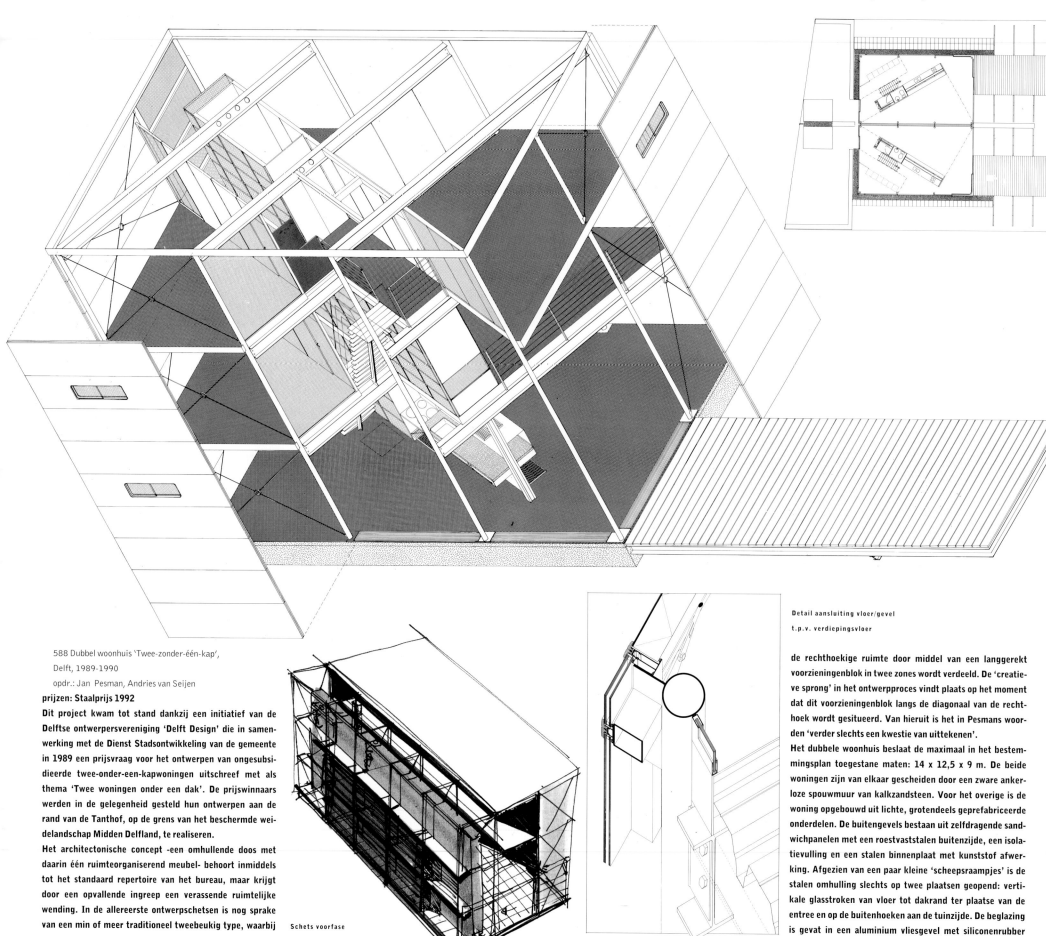

588 Dubbel woonhuis 'Twee-zonder-één-kap',
Delft, 1989-1990

opdr.: Jan Pesman, Andries van Seijen

prijzen: Staalprijs 1992

**Dit project kwam tot stand dankzij een initiatief van de Delftse ontwerpersvereniging 'Delft Design' die in samenwerking met de Dienst Stadsontwikkeling van de gemeente in 1989 een prijsvraag voor het ontwerpen van ongesubsidieerde twee-onder-een-kapwoningen uitschreef met als thema 'Twee woningen onder een dak'. De prijswinnaars werden in de gelegenheid gesteld hun ontwerpen aan de rand van de Tanthof, op de grens van het beschermde weidelandschap Midden Delfland, te realiseren.
Het architectonische concept -een omhullende doos met daarin één ruimteorganiserend meubel- behoort inmiddels tot het standaard repertoire van het bureau, maar krijgt door een opvallende ingreep een verassende ruimtelijke wending. In de allereerste ontwerpschetsen is nog sprake van een min of meer traditioneel tweebeukig type, waarbij**

Schets voorfase

Detail aansluiting vloer/gevel
t.p.v. verdiepingsvloer

**de rechthoekige ruimte door middel van een langgerekt voorzieningenblok in twee zones wordt verdeeld. De 'creatieve sprong' in het ontwerpproces vindt plaats op het moment dat dit voorzieningenblok langs de diagonaal van de rechthoek wordt gesitueerd. Van hieruit is het in Pesmans woorden 'verder slechts een kwestie van uittekenen'.
Het dubbele woonhuis beslaat de maximaal in het bestemmingsplan toegestane maten: 14 x 12,5 x 9 m. De beide woningen zijn van elkaar gescheiden door een zware ankerloze spouwmuur van kalkzandsteen. Voor het overige is de woning opgebouwd uit lichte, grotendeels geprefabriceerde onderdelen. De buitengevels bestaan uit zelfdragende sandwichpanelen met een roestvaststalen buitenzijde, een isolatievulling en een stalen binnenplaat met kunststof afwerking. Afgezien van een paar kleine 'scheepsraampjes' is de stalen omhulling slechts op twee plaatsen geopend: verticale glasstroken van vloer tot dakrand ter plaatse van de entree en op de buitenhoeken aan de tuinzijde. De beglazing is gevat in een aluminium vliesgevel met siliconenrubber**

Pesman op het spoor van het ruimteorganiserende meubel zette. Colombo is vooral bekend als ontwerper van de kunststof stapelstoelserie 'Universale' (1965) en de, in geen enkele tekenkamer ontbrekende, Boby trolley (1970). Voor een scriptie pluisde Pesman alle architectuurtijdschriften van de jaren zeventig na op het werk van deze Italiaanse industrieel ontwerper. Hij ontdekte daarbij de geïntegreerde 'woonmachines'

every drawing office. For his doctoral thesis Pesman scoured every architectural magazine from the seventies for work by this Italian industrial designer. Moreover, he discovered the integrated 'dwelling machines' which Colombo developed in larger and more complex versions at the end of his career. The mobile units are capable of rapidly transforming a 'conditioned' space into a fully equipped

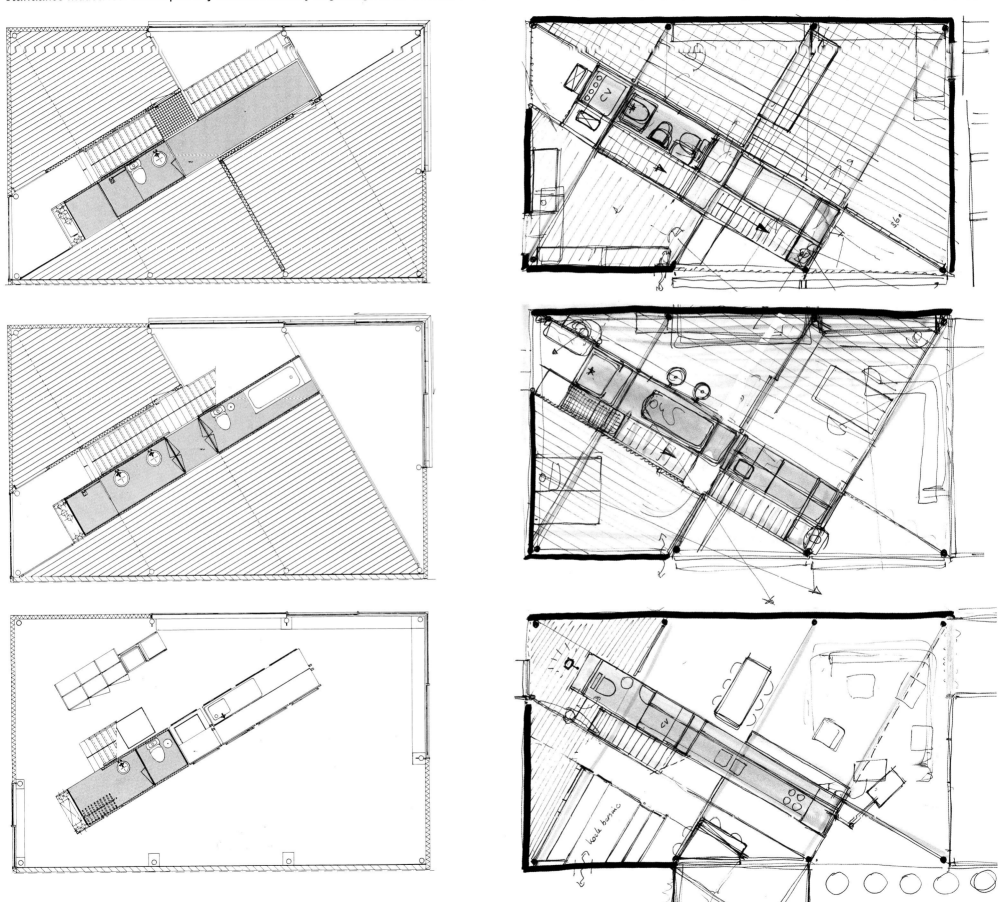

die Colombo in steeds uitgebreidere versies aan het eind van zijn carrière ontwikkelde. De verplaatsbare units kunnen een geklimatiseerde ruimte in een handomdraai tot een volwaardig uitgeruste woning transformeren. Het eerste ontwerp waar de invloed van Colombo voluit zichtbaar is, is een prijsvraaginzending uit 1981 voor de inrichting van een juwelierswinkel in Londen (482), waar een schuin in de kale,

home. The first design in which Colombo's influence is fully evident is a competition entry of 1981 for the interior design of a jeweller's shop in London (482), where a unit placed diagonally in the emptied space incorporates every facility the shop needs. Should the owner decide to move, he can take the interior with him, leaving the next occupant with a virgin space in which to insert his own interior

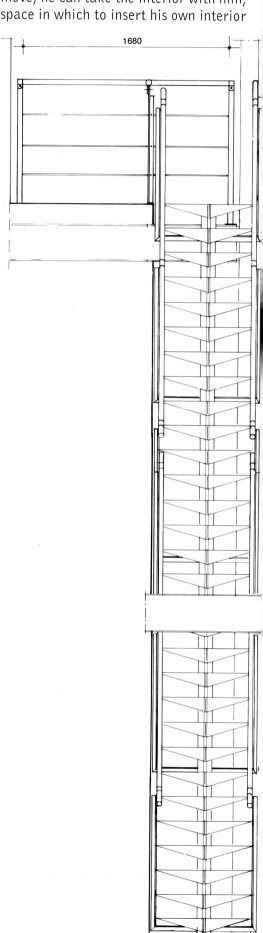

klemlijsten. Aan de zonzijde is ter plaatse van de eerste en tweede verdieping een, van binnenuit bedienbare, aluminium lamellenzonwering aangebracht. Op de hoek aan de tuinzijde sluiten twee vier meter hoge en twee meter brede schuifdeuren zonder tussenstijl op elkaar aan.

De drie verdiepingen hoge binnenruimte wordt door het voorzieningenblok langs de diagonaal in twee driehoekige helften opgedeeld. In het blok zijn, verdeeld over de verschillende verdiepingen, de natte ruimten, een vrijhangend keukenblok, al het leidingwerk en de installaties opgenomen. Een vuurrode stalen trap (de enige kleur in het door

grijstinten bepaalde interieur) verbindt de verdiepingen. De wanden van het diagonale blok bestaan uit met steenwol gevulde, geperforeerde roestvaststalen cassettes buitenplaten, die tevens dienst doen als geluidsdempers. De binnenbeplating van de natte ruimtes is van Colorbel glas. De draagconstructie is opgebouwd uit ronde stalen kolommen en stalen liggers die de ruimte loodrecht op de diagonaal overspannen. In de vloeren zijn nu en dan driehoekige vakken open gelaten, zodat twee en soms drie verdiepingen hoge vides ontstaan. De binnenwanden die op een vide aansluiten zijn ofwel open gelaten, ofwel geheel beglaasd uit-

geprepareerde ruimte geplaatst meubel alle voor de winkel benodigde functies in zich opneemt. Bij verhuizing kan het interieur worden meegenomen en krijgt de volgende gebruiker een schone ruimte opgeleverd waarin hij zonder hak- en breekwerk zijn eigen interieur kan plaatsen. De diagonale plaatsing van het meubel krijgt overigens tien jaar later zijn gebouwde pendant in de 'Twee-zonder-één-kap' woningen. De eer-

without the need for clearance or refurbishment. The unit's diagonal position would gain a built counterpart ten years later in the Semi-detached Houses. The first built version of this concept, in which the furnishing unit's position is such as to subdivide the surrounding basic volume, was for a conversion of a house in Wijk aan Zee (496). The existing building was fully gutted and the double-

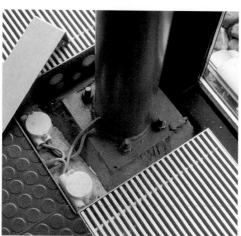
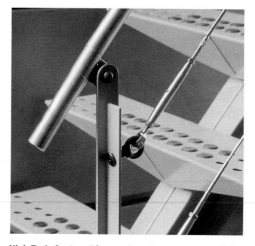

gevoerd. De vloeren bestaan uit in het zicht gelaten, geprofileerde staalplaten, gevuld met zand en afgewerkt met een anhydriet vloeivloer. Een laag mineraalwol tussen zandbed

en afwerkvloer voorkomt storend contactgeluid. Deze vloerconstructie is een eigen ontwikkeling van het bureau en werd voor het eerst toegepast bij de loopbruggen van het

High-Tech Centre. Eén van de redenen voor de schuine plaatsing van het middenblok was de blik langs de diagonaal door de beglaasde hoek te richten op een begroeid laantje in

het overigens vlakke landschap. Door deze diagonale plaatsing van het voorzieningenblok is in het interieur een verassende ruimtewerking ontstaan. Door de nadruk op de diago-

ste gebouwde versie van het concept, waarbij de plaats van het meubel zodanig is dat het omhullende basisvolume in meerdere ruimten wordt opgedeeld, betreft een verbouwing van een woonhuis in Wijk aan Zee (496). De bestaande woning is geheel leeggesloopt, waarna de twee verdiepingen hoge unit met de natte ruimten en het keukenblok en een langs de unit aangebrachte steektrap in de ruimte zijn geplaatst. Het concept is

height unit inserted, with capsules for cooking and ablutions and a straight flight of stairs. This concept is the basis of many later designs and reaches its spatial apotheosis in the Nan orthodontist's practice in Voorburg (560) and the Semi-detached Houses. The furnishing units differ from those of Colombo in as much as Colombo's units, whose components fold out and slide out from within,

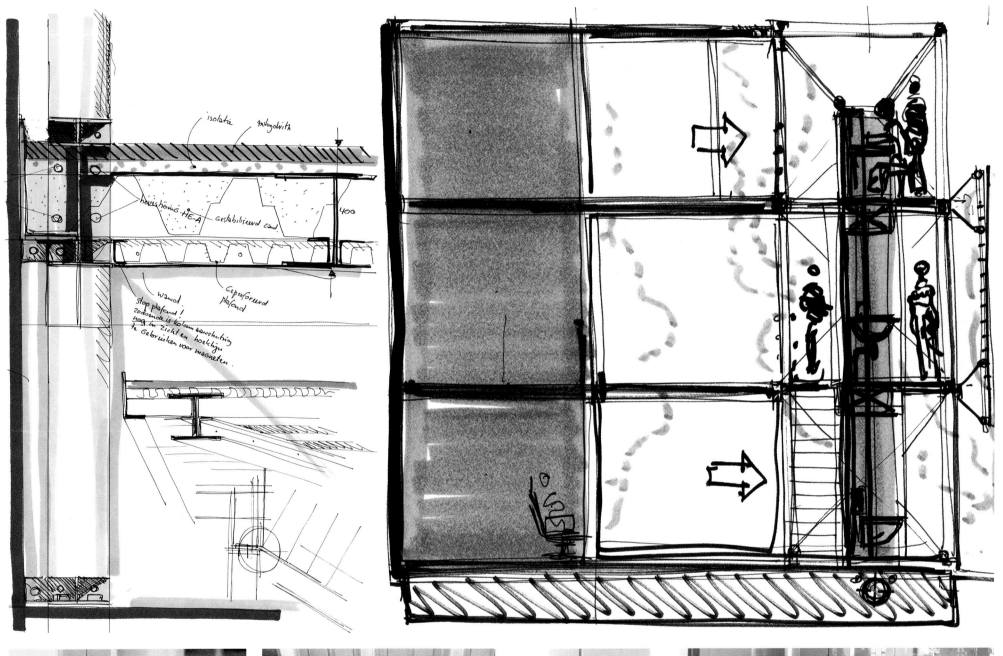

naal, niet alleen veroorzaakt door het middenblok, maar ook door de stalen liggers en golven in het stalen plafond, lijken de ruimten groter dan zij in werkelijkheid zijn. Vanaf de

entree is de totale ruimte in één keer te overzien. Men kijkt rechtdoor langs de woningscheidende wand naar de achtergevel, rechts naar de zijgevel, omhoog naar het dak en over

de trap, langs de lichaamsdiagonaal, naar de uiterste punt van de omhullende doos. Door de vrije plaatsing van het diagonale blok en het open laten van vloerdelen blijven de buitenwan-

den grotendeels zichtbaar. De orthogonale richting van de omhulling en de diagonale richting van het interieur blijven hierdoor met elkaar in evenwicht.

de basis van veel latere ontwerpen en vindt zijn ultieme ruimtelijke uitwerking in de orthodontistenpraktijk Nan in Voorburg (560) en in 'Twee-zonder-één-kap'. Overigens zijn de meubels in zoverre verschillend van die van Colombo, dat deze door hun vanuit het volume uitklappende en schuivende onderdelen naar buiten gekeerd zijn, terwijl de elementen van CEPEZED zich veelal als gesloten volumes manifesteren die hun

have an extrovert look whereas those of CEPEZED as a rule have the appearance of introverted volumes that conceal their functions within them. If Colombo's units define function in their various transformations, those of CEPEZED define space above all.

The manipulation of daylight in a space and control of the view out of it have

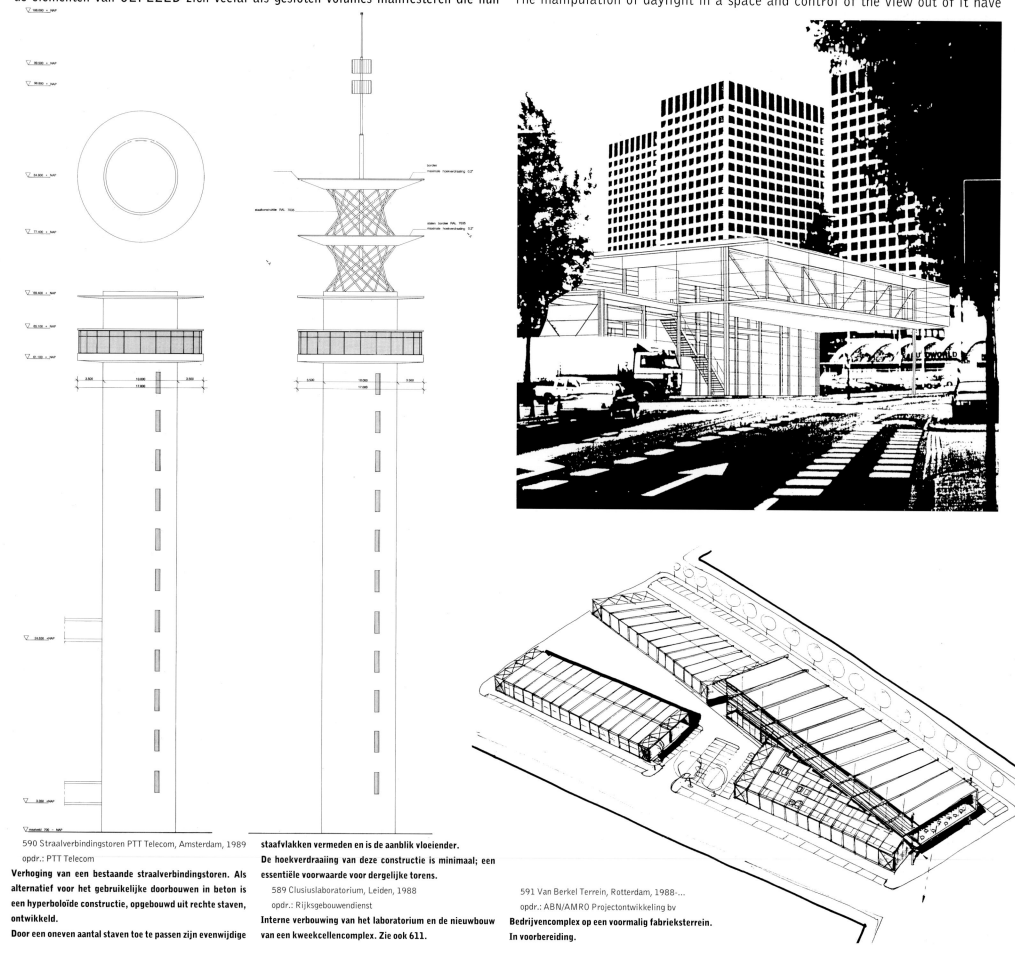

590 Straalverbindingstoren PTT Telecom, Amsterdam, 1989
opdr.: PTT Telecom

Verhoging van een bestaande straalverbindingstoren. Als alternatief voor het gebruikelijke doorbouwen in beton is een hyperboloïde constructie, opgebouwd uit rechte staven, ontwikkeld.

Door een oneven aantal staven toe te passen zijn evenwijdige

staafvlakken vermeden en is de aanblik vloeiender.
De hoekverdraaiing van deze constructie is minimaal; een essentiële voorwaarde voor dergelijke torens.

589 Clusiuslaboratorium, Leiden, 1988
opdr.: Rijksgebouwendienst

Interne verbouwing van het laboratorium en de nieuwbouw van een kweekcellencomplex. Zie ook 611.

591 Van Berkel Terrein, Rotterdam, 1988-...
opdr.: ABN/AMRO Projectontwikkeling bv

Bedrijvencomplex op een voormalig fabrieksterrein. In voorbereiding.

functie in het inwendige verbergen. Waar de units van Colombo door de verschillende transformaties vooral functiebepalend zijn -zij transformeren de functie van de ruimte, zijn de units van CEPEZED vooral ruimtebepalend. De manipulatie van de daglichttoetreding in de ruimte en de controle van het uitzicht vanuit de ruimte, spelen vanaf de vroegste ontwerpen een rol in veel gebouwen van CEPEZED. Veelal heeft de

played a part in many buildings by CEPEZED from the very first designs. As a rule the manipulation of daylight has a functional purpose: delivering light deep into the space. In the Naarden houses, for instance, the slanted strip rooflight is used to supply the internal ablutions and kitchen cubicles with daylight, and also enables a view from the bathroom. To deliver daylight deeper into the offices the

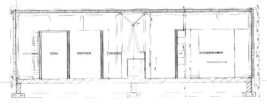

Dwarsdoorsnede

LANGSDOORSNEDE B-B

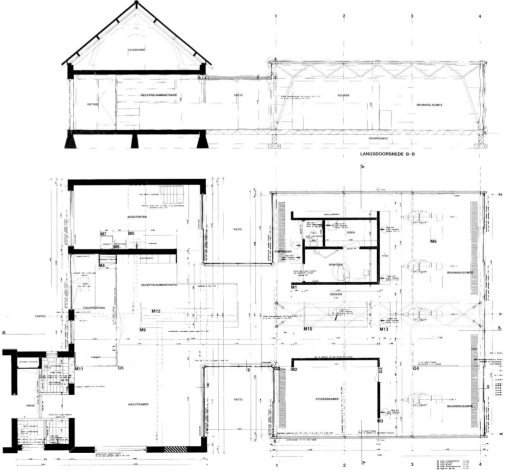

592 Orthodontistenpraktijk, Veldhoven, 1989
opdr.: dhr. J. Pilon

Een bestaande praktijkwoning is door het toevoegen van een staal-en-glas paviljoen geschikt gemaakt voor een orthodontistenpraktijk. De uitbreiding bestaat uit een aan twee zijden geopend volume, welke door middel van een glazen tussenlid met de bestaande bebouwing is verbonden. In de vroegere praktijkruimte en garage zijn de entree, assistentenkamers en wachtkamer ondergebracht.
De administratiebalie steekt half in het glazen tussenlid dat de overgang vormt naar de eigenlijke praktijkruimte. Deze is verdeeld in een utilitair deel en een open behandelruimte aan de tuinzijde.

De eerdere ervaringen met het complexe programma van eisen van een orthodontist hebben in deze praktijk geleid tot een in zijn eenvoud perfecte indeling, waarbij de vele gescheiden looplijnen van assistenten, artsen en patiënten als vanzelf hun plaats vinden.
De patiënt heeft direct na binnenkomst zicht op de tuin, langs de lijn die hij door de ruimte volgt naar de behandelstoel. Deze langsoriëntering van het interieur, veroorzaakt door de zichtlijnen in de langsrichting en het hulskarakter van de uitbreiding, wordt versterkt door een spantconstructie opgebouwd uit een driehoekig stalen vakwerk in het midden van de behandelruimte. Dak en wanden van de uitbreiding zijn van stalen sandwichpanelen.

manipulatie van het daglicht een functionele achtergrond: het diep laten binnendringen van het licht in de ruimte. Bij de woonhuizen in Naarden wordt de schuine daklichtstrook bijvoorbeeld benut om de inpandige natte ruimtes van daglicht te voorzien, maar ook om vanuit de badkamer naar buiten te kunnen kijken. Om het daglicht dieper in de kantoren te laten doordringen zijn de ramen van de kantoorunits van WPR over de dakrand tot in het dakvlak doorgezet. Voor de verbouwing van een bestaand, drie verdiepingen hoog pand in Haarlem in een orthodontistenpraktijk (500) is een nieuw ingebracht staal en glas trappehuis voorzien van een daklicht, zodat het licht tot op de begane grond kan doordringen. Soms wordt de lichtstrook benut om de aard van het plan te verduidelijken. Bij verbouwingen wordt bijvoorbeeld de uitbreiding vaak van het bestaande volume gescheiden door een doorlopende glasstrook. Voorbeelden hiervan zijn de Frans Hals apotheek en de dierenkliniek in Delft (610). De manipulatie van het uitzicht is het duidelijkst aanwezig bij de orthodontistenpraktijk Pilon in Veldhoven (592). De praktijkruimte bestaat uit een aan twee zijden geopende huls. Aan de ene geopende zijde komt men, na het passeren van een glazen tussenlid, binnen. Aan de andere beglaasde zijde staan de vier behandelstoelen gericht naar het rustgevende uitzicht op de tuin.

De overhoekse glasopening van Twee-zonder-één-kap biedt uitzicht op een bebost laantje in het weidelandschap. Zittend in bad heeft de bewoner door een smal raam in de kop van het diagonale meubel, via de beglaasde hoek van de omhullende doos, zicht op de grazende koeien. Dit begrip dat de gevel meer is dan een klimatologische scheiding tussen binnen en buiten, dat uit bovengenoemde voorbeelden spreekt, krijgt in recente projecten een dieper, conceptueler vervolg. Steeds vaker wordt de gevel hierbij opgevat als een, op meerdere niveaus functionerend filter tussen binnen en buiten. De glasgevel van de orthodontistenpraktijk Nan in Voorburg is vooral op deze manier gedacht. Het grijsgetinte glas is van buitenaf grotendeels ondoorzichtig, zonder een al te groot spiegelend effect te geven, terwijl het van binnenuit daarentegen geheel doorzichtig is. Voor het ontwerp van het kantoor van de Glasbond (617) wordt deze filterwerking aangepast aan de functie van de functioneel verschillende bouw-

windows of the office units of Wetering Port Repair continue into the plane of the roof. In the conversion of existing three-storey premises in Haarlem into an orthodontist's practice (500) the new steel and glass stair is toplit, so that light can penetrate to the ground floor. Sometimes a strip window serves to elucidate the nature of a plan. In conversions, for instance, the extension is often separated from the existing volume by a continuous glazed strip. Examples of this include the Frans Hals pharmacy and the veterinary surgeon's practice in Delft (610). Manipulation of the view out is most evident in the Pilon orthodontist's practice in Veldhoven (592). The treatment rooms consist of a casing opened up on two sides. On one side the patient enters after passing through a glass intermediate element. On the other, fully-glazed side the four treatment chairs face a restful view of the garden. The diagonally partitioned glass opening of the Semidetached Houses looks out onto a wooded lane among the meadows. From the bath the resident has a view through a narrow window in the head end of the furnishing unit, via a glass corner of the surrounding box, of grazing cows.

The idea expressed by the above examples that the facade is more than a climatizing partition between inside and outside, has developed into a deeper, more conceptual sequel in recent projects. Again, the facade is increasingly conceived of as a filter, functioning at several levels, between inside and out. The glass wall of the Nan practice, especially, was conceived along these lines. From a distance the grey-tinted glass is opaque and not unduly reflecting, while from indoors it is wholly transparent. When designing the office for the Dutch glass manufacturers association (617) this

Farnsworth House, Mies van der Rohe, (Plano, Illinois U.S.A., 1945-1950) Het huis bestaat feitelijk uit niet meer dan vier stalen portalen, een vloer- en een dakvlak met daartussen een geïntegreerd meubel met keukenblok, sanitaire voorzieningen, berging en open haard. De geklimatiseerde binnenruimte wordt van het buitenklimaat afgesloten door een rondom lopend glasvlak. Een deel van de ruimte tussen vloer- en dakvlak wordt benut als terras, maar kan met screens tegen een muggenaanval uit de omringende 'wetlands' worden beschermd.
De plaats van het meubel bepaalt de functionele opdeling van de ruimte in een woon-, slaap- en keukendeel.

Farnsworth House, Mies van der Rohe, (Plano, Illinois, USA, 1945-1950) The house consists of little more than four steel portals, floor and roof slabs with an integrated furnishing element of kitchen unit, sanitary facilities, storage and fireplace. The interior space is sealed from the outdoor climate by a glass skin round all four sides.
Part of the space between floor and roof surfaces serves as a veranda that can be shielded with screens against mosquitoes from the surrounding wetlands. The position of the furnishing unit determines the functional subdivision of the space into sections for living, sleeping and cooking.

595 Kantoorgebouw Phoenixstraat, Delft, 1989
opdr.: CEPEZED bv
Nieuwbouw eigen kantoor. In voorbereiding.
597 European Patent Office, Leidschendam, 1989
opdr.: EPO
Prijsvraaginzending voor het nieuwe hoofdkantoor van het European Patent Office.
Laatste ronde.

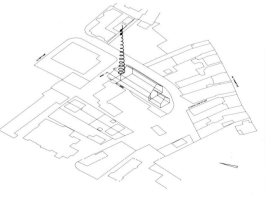

598 Straalverbindingstoren, Lochem, 1989-1992
opdr.: PTT Telecom.
Kurketrekkertoren van stalen huis als landmark in het Achterhoekse landschap.
599 Squashcentrum, Apeldoorn, 1989
opdr.: Dienst Sport en Recreatie gemeente Apeldoorn
Uitbreiding van een bestaande sporthal met squashbanen en accomodatie.

600 Wintertuin, Baarn, 1989
opdr.: Sytsema's Art Gallery
Verbouwing van een historische kas tot galerie.
Niet uitgevoerd.

delen door drie, in transparantie en translucentie verschillende glassoorten toe te passen. De gebogen wand van geperforeerd aluminium voor het entreeplein voor de Floriade in Zoetermeer (580) heeft eveneens een dergelijk duaal karakter: enerzijds afsluitend, zodat de cirkelbeweging van de bebouwing wordt afgerond en het plein wordt afgesloten van het open landschap, anderzijds doorzichtig, zodat tegelijkertijd

filtering effect was adapted to the varying functions of the volumes by employing three glass types differing in transparency and translucence. The curved wall of perforated aluminium at the forecourt of the Floriade in Zoetermeer (580) has the same dual nature: serving to enclose on the one hand, so that the circular sweep of the buildings is rounded off and the forecourt concealed from

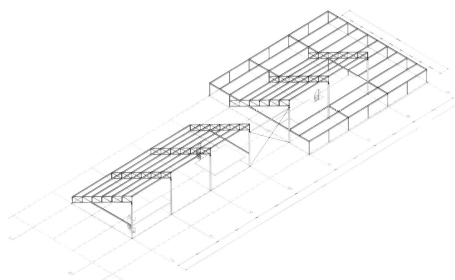

602 Bibliotheek en kinderdagverblijf, Delft, 1989-1992
opdr.: Dienst Beheer en Milieu Delft

De vorm van het gebouw wordt bepaald door de twee hoofdfuncties en de stedebouwkundige situatie. In oost-west richting vormt het gebouw de overgang tussen een woonwijk en een groengebied met een kinderboerderij; in noordzuid richting ligt het gebouw in het verlengde van de provinciale weg tussen Delft en Rijswijk. Het kinderdagverblijf en de bibliotheek vormen één complex voor twee aparte gebruikers. Gewoonlijk is het beschikbare budget voor dit type gebouwen slechts toereikend voor een platte doos van

baksteen en hout. De gekozen constructie maakt een ruim en luchtig gebouwencomplex mogelijk met een hogere architectonische uitstraling en technische kwaliteit dan gebruikelijk. Ruimtelijk zijn de gebouwdelen tot één geheel gemaakt door de hoge bouwmassa van de bibliotheek te herhalen in de speelhal van het kinderdagverblijf.

De constructie bestaat uit een staalskelet. De driehoekige vorm van de beide hoofdruimten wordt bepaald door vakwerkspanten. De staalconstructie is vervaardigd van warmgewalste profielen en kokerkolommen. De buitenhuid bestaat uit Kalzip-platen met isolatie en aluminium kozijnen.

het (gefilterde) uitzicht op de lager gelegen polder vanaf het plein mogelijk blijft.
Het semi-permeabele karakter van de (glas)gevel, waarbij wel het licht, maar niet het zicht in de ruimte wordt toegelaten, wordt ter plaatse van de glazen hoek van 'Twee-zonder-één-kap' gerealiseerd door middel van een uitwendige aluminium lamellen zonwering. Het filter krijgt hiermee twee lagen: de klimaatbeheersende, lichtdoorlatende

the open landscape; and transparent on the other, retaining the (filtered) prospect from the forecourt of the lower lying polderland.
The semi-permeable nature of the glass facade, whereby light can enter the space while there is no view in, is effected at the glazed corner of the Semi-detached Houses by means of an exterior shading system of aluminium louvres. The filter

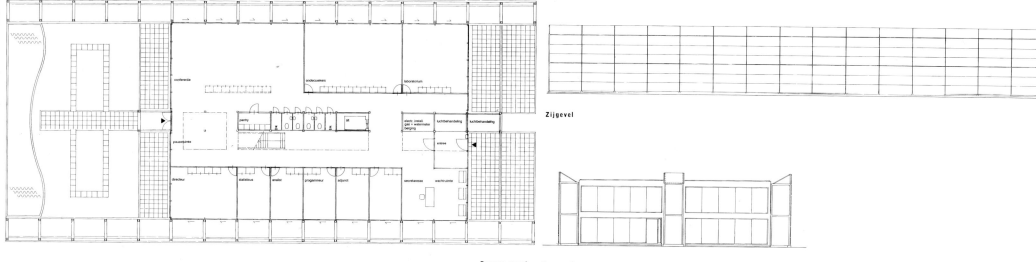

Begane grond   Kopgevel

Zijgevel

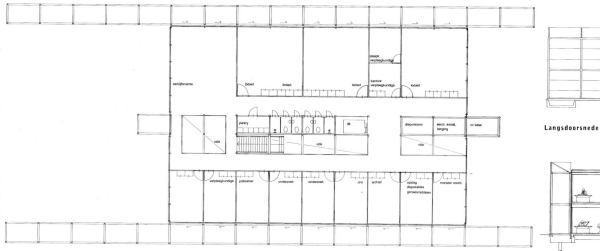

Verdieping   Dwarsdoorsnede

Langsdoorsnede

604 Uitbreiding Teylers Museum, Haarlem, 1990
opdr.: Teylers Museum

Prijsvraaginzending voor de uitbreiding van Nederlands oudste museum.

605 Centre for Human Drug Research, Leiden, 1990-...
opdr.: CHDR

**In voorbereiding.
In dit gebouw worden de mogelijke bijverschijnselen van**

nieuwe medicijnen onderzocht en op personen uitgeprobeerd. Het gebouw bestaat uit een glazen paviljoen ingeklemd tussen twee schermen van geperforeerde staalplaat. Het eigenlijke gebouw heeft twee bouwlagen: entree, kantoren en laboratoriumruimten op de begane grond en onderzoeks- en verpleegruimten op de verdieping. Het gebouw kent een dubbel corridorsysteem; gangen aan weerszijden van een centraal utilitair blok met natte ruimten, lift en installatieruimten. Deze hoofdopzet komt voort uit de functie van het gebouw: een onderzoekscentrum waarbij vanuit de cellen aan de gevels interactie tussen de onderzoekers mogelijk is in het middengebied. Het utilitaire blok steekt door uit de kopgevels en markeert daarmee de entrees. De route naar de trap over de lengte van het gebouw wordt begeleid door een videstrook in de verdiepingsvloer. De videstrook en het utilitaire blok vormen de scheiding (het filter) tussen de patiëntenruimten en de onderzoeksruimten op de verdieping en tussen de laboratoriumruimten en de kantoren op de begane grond.

De draagconstructie bestaat uit spanten in de dwarsrichting, die zijn opgebouwd uit vloerplaten en drie rechthoekige stalen portalen.
De portalen langs de zijgevels worden aan de uiteinden en boven de dakrand van het glazen paviljoen doorgezet en aan de buitenzijde voorzien van geperforeerde staalplaten. Hierdoor ontstaan aan de beide uiteinden van het complex twee buitenruimten -een 'entreeplein' en een patioachtige tuin- die gevoelsmatig tot het interieur behoren. De gevels van het interne gebouw zijn geheel van glas. Het geperforeerd staalplaten scherm, dat eerder werd uitgeprobeerd voor het entreeplein van de Floriade, is van binnenuit gezien grotendeels doorzichtig, maar werkt van buitenaf als een vrijwel gesloten vlak. Slechts vage contouren van het glazen binnengebouw zullen door de schermen te zien zijn. Het scherm bewerkstelligt de noodzakelijke privacy (en zonwering) en introverte sfeer voor het gebouw, zonder te hoeven vervallen in de voor dit soort gebouwen gebruikelijke sombere, gesloten gevels.

eigenschap van de glasgevel wordt gecombineerd met de (van buiten naar binnen) zicht- en zonlichtwerende eigenschap van het lamellenscherm. In het recente ontwerp voor het Centre for Human Drug Research in Leiden (605) -een glazen blok in een perifeer scherm van geperforeerd staal- worden deze twee filterlagen verder uit elkaar getrokken en ontstaat er tussen beide lagen een patio-achtige buitenruimte. Voor het beheerdersgebouwtje van de plantenkas in Arcen (541) was voorzien dat de buiten de gevel geplaatste draagconstructie met klimop zou begroeien, zodat een groen filter voor de glasgevel zou zijn ontstaan.

Het duale-translucent/opaak-filterkarakter van de gevel wordt ook op een functioneel/ruimtelijk niveau toegepast. Het betreft hierbij veelal het eerder besproken ruimtebepalende meubel of een reeks meubelen die een scheidend/verbindend filter vormen tussen twee functionele zones. In de orthodontistenpraktijk Nan bijvoorbeeld, bepalen de meubels de drie functionele zones: een ontvangstzone, een behandelzone, en een bedrijfszone, maar laten ze tegelijkertijd visuele- en verkeersrelaties tussen de zones onderling toe.

In het recente ontwerp voor een kwekerswoning in Boskoop (639) wordt de uit verschillende meubels opgebouwde, utilitaire zone als een afsluitbaar filter tussen de slaap-en de woonzone gebruikt.

Tegelijk met de aandacht voor het filterkarakter van de gevel, is een ontwikkeling naar een steeds verdergaande vereenvoudiging van het basisvolume te zien. Naarmate de technische kennis en de kunde in het op het architectonisch concept toegesneden detailleren toeneemt, wordt bovendien één van de twintigste-eeuwse architectuuridealen: het glazen paviljoen, steeds dichter genaderd. Voor het niet uitgevoerde ontwerp van de kassen en bijgebouwen van de kasteeltuin in Arcen wordt het glazen paviljoen voor het eerst op grote schaal ontworpen. Voor deze kassen heeft al dit glas natuurlijk een functionele reden, maar ook voor het minder voor de hand liggende beheerdersgebouwtje is de gevel rondom in glas gedacht. Het is met zijn in de ruimte geplaatste ruimtescheidende

thus works on two levels: the glass wall's properties of exercising climate control and allowing in light is combined with those of the exterior louvre shading of repelling sunlight and preventing a view in. In the recent design for the Centre for Human Drug Research in Leiden (605) - a glass block within a peripheral screen of perforated steel - these two levels of filtering are drawn further apart, creating between them a patio-like external space. For the warden's cabin of the glasshouse complex in Arcen (541) it was envisaged that the loadbearing structure placed beyond the facade would eventually become covered with ivy, producing a green filter for the glass wall. The facade's dual nature as a filter - translucent/ opaque - is echoed at a functional/spatial level. It then usually involves the space-organizing furnishing unit discussed earlier, or a series of units forming a dividing/combining filter between two functional zones. In the Nan practice, for instance, the furnishing units determine the three functional zones, for reception, treatment and private activities, yet also allow them to relate visually and share circulation. In the recent design for a nurseryman's house in Boskoop (639) the services zone, built up of several furnishing elements, is exploited as a filter, one that can be closed off, between sleeping and living zones. Concurrently with its concern for the facade's filtering properties CEPEZED clearly developing towards an increasing simplification of the basic volume. Moreover, as technical proficiency and the ability to match detail to the architectural concept advance, one of the twentieth century's ideals in architecture comes ever closer: to wit, the glass pavilion. For the unexecuted design for glasshouses and outbuildings in the castle grounds at Arcen CEPEZED designed a glass pavilion on a large scale for the first time. In the greenhouses, of course, all this glass has a functional reason, yet a less obvious candidate, the warden's cabin, is graced with a fully glazed facade too. With the furnishing units inserted

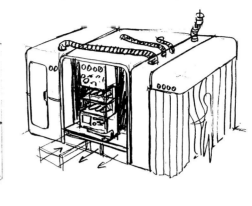

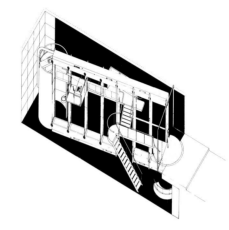

Kernwoningen, Gerrit Rietveld; een poging tot industrialisatie van de woningbouw welke Rietveld gedurende de jaren dertig ontwikkelde.

'Total Furnishing Unit'; Joe Colombo, 1971. Ontwikkeld voor de tentoonstelling 'Italy: the new domestic landscape' in het MOMA in New York, combineert deze woonmachine in één geïntegreerd multipurpose meubel alle voor het wonen benodigde functies: eten, slapen, baden, koken, lezen, gasten ontvangen en zelfs een afgesloten 'privacy' cel waarin de gebruiker zich kan terugtrekken.

CEPEZEDs prijsvraaginzending voor een juwelierswinkel in Londen, 1981.

'Core' dwellings, Gerrit Rietveld; an attempt to industrialize domestic construction in the thirties.

'Total Furnishing Unit', Joe Colombo, 1971. Developed for the exhibition 'Italy. The New Domestic Landscape' in the Museum of Modern Art, New York, this 'dwelling machine' combines within an integrated multipurpose 'uniblock' all functions pertaining to dwelling: eating, sleeping, washing, cooking, reading, receiving visitors and even a closed-off 'privacy' cell where the user can retreat.

CEPEZED's competition entry for a jeweller's shop in London, 1981.

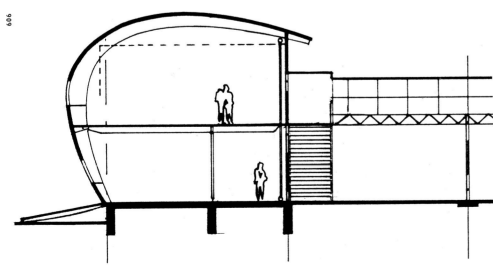

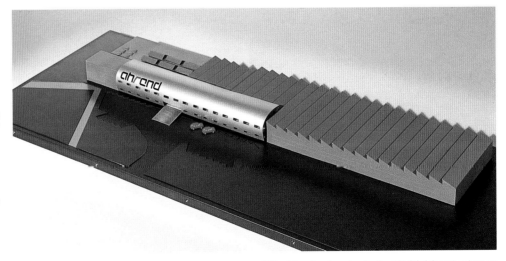

606 Ahrend Cirkel, Zwanenburg, 1990
opdr.: Ahrend Cirkel

Uitbreiding / verbouwing bestaande fabriek met entree en kantoren. Niet uitgevoerd.

meubels en de buiten de gevel geplaatste draagconstructie een bescheiden hommage aan Mies van der Rohes eerder aangehaalde Farnsworth House. Latere 'glazen paviljoens' laten echter zien dat de onbegrensde ruimte waar Mies van der Rohe naar zocht, niet in de eerste plaats de inzet van CEPEZED is. Voorbeelden als de orthodontistenpraktijk Nan, de uitbreiding van orthodontistenpraktijk Teeseling (579), het kantoor voor de Glasbond en vooral het paviljoen in het paviljoen van het Centre for Human Drug Research zijn van binnenuit weliswaar 'onbegrensd', maar van buitenaf wel degelijk bedoeld als gesloten volumes. De buitenruimte wordt wel betrokken bij het interieur, maar omgekeerd is er van buitenaf -anders dan bij Mies of bij het vloeiende ruimteconcept van De Stijl- sprake van een min of meer afgebakende grens. Een wand die zich, afhankelijk van de wisselende lichtomstandigheden, als opaak, gesloten of als volkomen transparant gedraagt. Het is niet zo zeer de bedoeling de aanwezigheid van het gebouw te vergroten, maar eerder om een afwezigheid te bewerkstelligen. De glasgevel van Nan is uitgesproken en zelfbewust aanwezig, maar in de wijze waarop hij zich in de omgeving voegt feitelijk bescheiden. De gevel is in zijn omgeving direct herkenbaar, maar lijkt zich door zijn donkergrijze, de omgeving licht weerspiegelde karakter in die omgeving te willen oplossen. Alle aandacht bij het detailleren van deze zuivere volumes is gericht op het bewerkstelligen van een vlak, ongedeeld karakter van de gevel. Om dit te bereiken wordt bijvoorbeeld het glasvlak tot aan de dakrand doorgetrokken (waardoor tevens het onbegrensde karakter van binnenuit wordt versterkt), terwijl de voor de hemelwaterhuishouding noodzakelijke dakopstand (uit het zicht) naar achteren wordt verplaatst.

Wordt er bij de glazen paviljoens gezocht naar een zelfbewuste, maar bescheiden opstelling van het gebouw in zijn (veelal waardevolle) omgeving, er zijn gevallen waar bescheidenheid misplaatst is. Voor de portiersloge van een uiterst rommelig rangeerterrein van de Rotterdamse tram (518) is het zwartglazen gebouwtje van de portier voorzien van een, in zijn roze uitbundigheid uiterst onbescheiden en zeer aanwezige staalconstructie, die niet meer doet dan het vormen van een poort. De constructie wordt hier gebruikt om de aandacht van de rommelige omgeving af te leiden. Deze opzet waarbij de constructie niet alleen letterlijk -op technisch niveau-, maar ook figuurlijk -op beeldniveau- drager van het plan wordt, is ook toegepast bij de ontwerpen voor bedrijfsverzamelgebouwen in Haarlem (516), Nieuwegein (521) en Rotterdam (565). Door het krachtige beeld van de buiten de gevel geplaatste draagconstructie kunnen de gevels van de verschillende gebruikers van het gebouw heel wat aanpassing velen voordat het totaalbeeld wordt verstoord.

Uitzicht op het weidelandschap van Midden Delfland vanuit het bad van de Twee-zonder-een-kap woning.

View of the meadows of Midden Delfland from the bath of one of the Semi-detached Houses.

in and subdividing the space and its loadbearing structure outside the facade it pays modest homage to Mies van der Rohe's Farnsworth House cited earlier. Later 'glass pavilions' show, however, that the unbounded space sought for by Mies is not CEPEZED's primary concern. Examples like the Nan orthodontist's practice, the extension to the Teeseling practice (579), the glass association office and in particular the pavilion for the Centre for Human Drug Research are admittedly 'unbounded' when experienced from within, but from outside are without doubt expressly introverted volumes. For though the exterior space is made to relate to the interior, the reverse is true from outside where, as distinct to Mies or the flowing space concept of De Stijl, there is what amounts to a delimiting boundary. It is a partition that appears opaque, blindwalled or fully transparent depending on the light. It is less the intention to magnify the building's presence than to effect a feeling of absence. Though the glass wall of the Nan practice is present, explicitly and assertively, it is as much self-effacing in its manner of conforming to the surroundings. The facade is clearly legible in its setting, yet by gently reflecting its surroundings in its dark grey surface, seems to want to melt into them. When detailing these pure volumes CEPEZED has directed every attention towards effecting a uniform and undivided facade. One way to achieve this is to extend the glass wall up to the roof (which also strengthens the 'unbounded' character from within), while the roof upstand essential for dealing with rainwater is shifted backwards, out of sight. If in the case of the glass pavilions CEPEZED seeks to present the building confidently though with modesty in what are generally favourable surroundings, there are times when this modesty is misplaced. For the guard's house of a supremely chaotic marshalling yard for Rotterdam trams (518) the black glass cabin is graced with a steel construction, which in its pink exuberance is anything but modest, and overwhelmingly present yet does nothing more than form the gateway. It is used here to draw the attention away from the cluttered surroundings. This arrangement, in which the structure supports the plan not only literally (on a technical level) but also figuratively (on a visual level), is also used in the designs for multi-company buildings in Haarlem (516), Nieuwegein (521) and Rotterdam (565). Owing to the powerful image presented by the exterior loadbearing structure, facades belonging to different users of the building can take a considerable degree of adaptation before the overall appearance is disturbed.

607 City Promenade, Almelo, 1990
opdr.: Gemeente Almelo, Dienst ruimtelijke Ordening
Meervoudige opdracht voor de herstructurering van de hoofdwinkelstraat. Niet uitgevoerd.

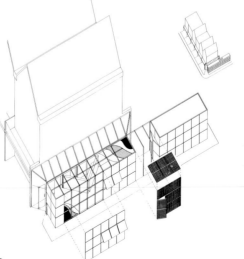

609 Squashbanen, Arnhem, 1990-...
opdr.: gebr. Bolder
Nieuwbouw van een 14-baans squashcentrum. In voorbereiding.

610 Dierenkliniek, Delft, 1990
opdr.: Jan Kers
Uitbreiding van een dierenkliniek op de begane grond van een drive-in woning met een geëmailleerd glazen blok met

Natuurlijk speelt ook het plezier in het tonen van een kunstig uitgedachte constructie in veel gevallen een rol. Soms wordt daar zelfs expliciet om gevraagd, zoals bij het ontwerp voor een straalverbindingstorens in Lochem (598), waar de burgemeester uitdrukkelijk slechts voor een kunstzinnige toren toestemming wilde verlenen. Eerder al had CEPEZED voor de uitbreiding van een straalverbindingstoren in Amsterdam (590) een zowel kunstige als snelle, goedkope hyperboloide constructie van stalen buizen toegepast. Was dit ontwerp nog een combinatie van functionele en beeldoverwegingen, de kurketrekkerconstructie van de toren in Lochem is op de eerste plaats beeld: een vorm van technisch onderbouwde pret in de traditie van de Russische constructeur Sjoechov. De kruisvormige draagconstructie van het eerste plan voor een wintertuin op het Rotterdamse Schouwburgplein (520) is op vergelijkbare wijze beelddrager van het plan. Het is, na een vroege inzending voor de prijsvraag voor de herinrichting van het Weena, het eerste ontwerp op stedebouwkundig niveau van het bureau. Het kan eigenlijk nog niet echt een stedebouwkundig ontwerp worden genoemd. Het is eerder een ontwerp voor een gebouw geplaatst in en aangepast aan de situatie. Dat is anders bij het tweede ontwerp. Hier is wel degelijk sprake van een plan dat alle schaalniveaus gelijkwaardig behandelt. Het gebouw is teruggebracht tot een nauwkeurig bepaald, stedebouwkundig overgangselement tussen plein en winkelstraat in de vorm van een gekromd dakvlak en is daarmee integraal onderdeel van de openbare ruimte geworden.

Ten opzichte van het eerste plan is het gebouw zelf veel bescheidener. Het laat het open uitwaaierende karakter van het plein intact, iets dat maar van weinige van de vele plannen voor het plein gezegd kan worden.

Het halftransparante scherm voor het entreeplein van de Floriade in Zoetermeer heeft eenzelfde bescheiden aanwezigheid/afwezigheid als het gebogen dak van het Schouwburgplein. Dat geld niet voor het ontwerp van het binnenterrein van het Kanaalcentrum in Utrecht (612). Hier was een, met de beelddragende functie van de draagstructuur van de bedrijfsverzamelgebouwen vergelijkbaar, sterk stedebouwkundig element noodzakelijk. De onduidelijke structuur van het complex is door middel van een aantal stedebouwkundige elementen verhelderd. Voor een besloten prijsvraag voor de inrichting van het Statenplein in Dordrecht (625) is een vergelijkbare stedebouwkundige structuur ontworpen. Een uit de omgeving afgeleid rechthoekig raster is over de situatie geprojecteerd en als een stalen pergolastructuur vormgegeven. Deze structuur zorgt voor een onderverdeling van de ruimte en dient als drager van verschillende activiteiten op de velden tussen het raster. De velden worden gemarkeerd door 'torens' op de kruispunten van het raster. Door één van de velden als een stapeling van meerdere velden uit te voeren, wordt de ruimte in twee pleinen opgedeeld; een stedelijk

Of course the pleasure in showing off an artistically devised construction plays a role in many cases. Sometimes these are explicitly required, as in the design for a radio tower in Lochem (598), whose Burgomaster preferred to give permission for an 'arty' tower. CEPEZED had by then already produced as an extension to a telephone relay tower in Amsterdam (590) a hyperboloid construction of steel tubing as ingenious as it was cheap and rapid to assemble. If this design was still a combination of functional and visual considerations, the corkscrew configuration of the tower in Lochem is visual before anything else: a form of technically underpinned indulgence in the tradition of the Russian structural engineer Shukhov. Similarly, the cruciform loadbearing structure of the first plan for a winter-garden on Rotterdam's Schouwburgplein (520) is the scheme's visual support too. Ignoring an early entry to the competition for redesigning the same city's Weena boulevard, it was the practice's first design at a planning level. It cannot be called a full-fledged urban design scheme. It is more a building that has been inserted in, and modified to suit, the setting. The second design is quite a different matter. For here is a plan that treats all scales of planning evenly. It reduces the building to a carefully defined urban intermediary between the square (Schouwburgplein) and shopping mall in the shape of a curved roof surface, thus becoming an integral component of the public space. Compared with the first plan the building itself is a good deal more modest. It leaves intact the square's impression of fanning open, something that can be said of only a few of the many plans for Schouwburgplein. The semi-transparent screen at the forecourt of the Floriade in Zoetermeer has the same self-effacing presence/absence as the curved roof of Schouwburgplein. This does not apply to the design for the internal court of the Kanaalcentrum in Utrecht (612). A powerful urban element was needed here, comparable to the visually supportive function of the multi-company buildings. A number of such elements bring clarity to the imprecise structure of the complex. For a multiple commission for the infill of another square, Statenplein in Dordrecht (625) CEPEZED designed a similar urban structure. Here a rectangular grid deriving from the surroundings is projected across the site and designed as a steel pergola-like structure. This latter serves to subdivide the space and acts as support for various activities within the fields formed by the grid. These fields are marked by 'towers' where the grid lines intersect. By executing one of the fields as a stacking of several fields the space is divided into two squares: an urban forecourt and an 'activity square'. In this plan a constructional-architectural element of steel towers from which hang pergola roofs, is used like the curved roof of

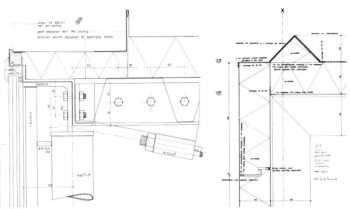

Dakranddetails van Orthodontistenpraktijken Nan en Teeseling.
Details of the 'eaves' of the Nan and Teeseling orthodontist's practices.

wachtruimte en baliefuncties.

Het glazen blok is van de woning gescheiden door middel van een glasstrook in de kopgevel en het dak. Een gelijk glazen blok met overblijfruimte voor ambulante patiënten is in het verlengde van het eerste blok langs de achtertuin geplaatst.

Door de tussenruimte tussen de blokken open te laten konden enige bestaande bomen worden gespaard. Een gazen hek zorgt voor een continu gevelvlak.

611 Clusiuslaboratorium 3e fase, Leiden, 1990-1991
opdr.: Rijksgebouwendienst

Uitbreiding van het complex met nieuwbouw kantine en kantoren. Zie ook 589.

voorplein en een activiteitenplein. In dit plan wordt het constructief/architectonisch gegeven van stalen torens met afgehangen pergoladaken evenals het gebogen dak van het Schouwburgplein, gebruikt om een geleidelijke overgang tussen de stedebouwkundige schaalniveaus te bewerkstelligen. Ondanks de onmiskenbare aanwezigheid is de structuur in wezen bescheiden. De huidige ruimtelijke karakteristiek van het plein blijft in

Schouwburgplein to effect a gradual transition between levels of urban scale. Despite its unmistakable presence, the structure is essentially a modest one. The square's present spatial qualities are by and large retained. In the design for a refreshment kiosk on Rotterdam's Noordplein (634) the most minimal of means are used to achieve a comparable upgrading of the potential present in the area.

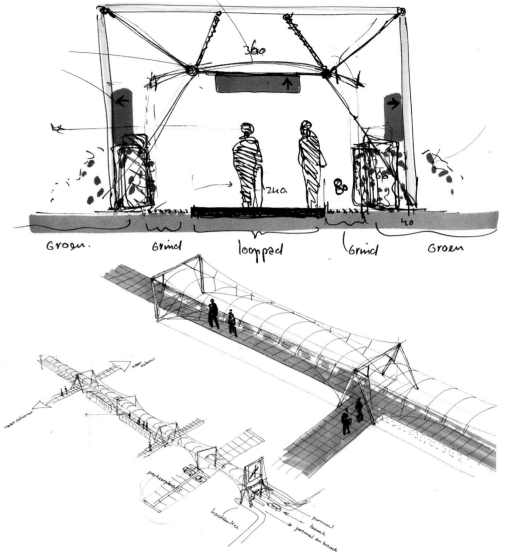

612 Herstructurering Kanaalcentrum, Utrecht, 1990-1992
opdr.: Philips Pensioenfondsen Eindhoven

Een enige jaren terug opgeleverde cluster van kantoorgebouwen bleek door zijn onduidelijke stedebouwkundige structuur moeilijk verhuurbaar. Zo bleken de entrees van de kantoortorens voor bezoekers haast onvindbaar. De grafisch ontwerper Bram Engelse, die oorspronkelijk was gevraagd voor de bewegwijzering begreep dat het complex met bewegwijzering alleen niet verduidelijkt kon worden en betrok CEPEZED bij het plan. Door middel van een transparante droogloop over het voordien ongestructureerde binnenterrein is het complex voorzien van een duidelijke 'stedebouwkundige' as. De noodtrappenhuizen op de koppen van de blokken zijn ingepakt en voorzien van vertikale lichtlijnen.

wezen gehandhaafd. Bij het ontwerp voor een horecapaviljoen op het Rotterdamse Noordplein (634) wordt met nog minimaler middelen een dergelijke opwaardering van het in de omgeving aanwezige potentieel bereikt. Terugkijkend blijkt de ontwikkeling van het werk van **CEPEZED** gedurende de laatste twintig jaar het schoolvoorbeeld van een geleidelijk groeiend oeuvre. Van speels technisch onderzoek naar een

Looking back, the development undergone by CEPEZED's work during the last twenty years is a textbook example of a gradually accumulating oeuvre - from light-hearted technical research to a self-assured conceptual approach. It extends from originally stressing the technical and processal sides of building, to attaining such a degree of technical knowledge and ability that, rather than

614 Entrepotcomplex, Rotterdam, 1991-...
opdr.: MABON bv

In voorbereiding.

Het honderdtwintig jaar oude Entrepotgebouw in het Kop van Zuid gebied in Rotterdam wordt geschikt gemaakt voor de huisvesting van een Exotic Festival Market, verhuurkantoren en 107 woningen. De gehele begane grond van het 37 meter brede en 197 meter lange gebouw wordt ingenomen door vaste en minder permanente stallen en horecapaviljoens die allerlei exotisch food en non-foodwaren verkopen. Over de lengte van het gebouw zijn de vloeren in de middenzone open gelaten. Deze videstrook is voorzien van een doorlopend daklicht, zodat het daglicht tot op de begane grond kan doordringen.

De hoofdentrees naar de markthal bevinden zich op de koppen van het gebouw. De bestaande stalen draagconstructie wordt zo veel mogelijk in het zicht gelaten.

Exotische restaurants en eethuisjes zijn vooral aan de zijde van de Entrepothaven geconcentreerd.

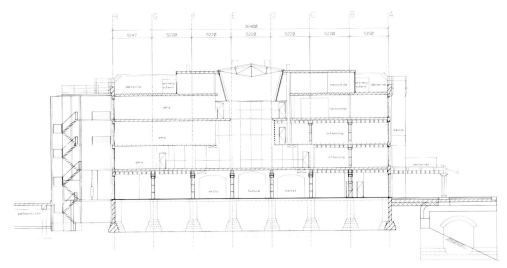

Door middel van serres zijn ze verbonden met een door een voormalig laadplatform overdekte ruimte, waar vanaf beschutte terrassen zicht is op de haven.

De kantoorruimten en de woningen zijn door middel van galerijen langs de centrale vide ontsloten. Aan de zuidzijde, met uitzicht op de haven, zijn de woningen vooral horizontaal georganiseerd.

De opbouw bestaat uit twee lagen 'loft'-woningen met terrassen op de voormalige betonnen laadplatforms.

De bovenlaag van de zuidzijde bestaat uit woningen van anderhalve verdieping met dakterras.

De noordzijde bestaat uit een kantoorlaag op de eerste verdieping met daarop woningen van tweeëneenhalve verdieping met een groot dakterras. Ondanks de ongunstige situering krijgen alle woningen ruim voldoende daglicht aan beide zijden van de woning en is er voorzien in een grote buitenruimte. Het wonen aan een exotische markt verhoogt de straatsfeer van de videstrook. Langs het verbouwde Entrepotgebouw ontstaat een driehoekig plein.

zelfbewuste conceptuele benadering. Van een aanvankelijke nadruk op de technische en procesmatig kanten van het bouwen naar een zodanige technische kennis en kunde, dat deze niet per se meer uitgebreid behoeft te worden getoond, maar des te gemakkelijker kan worden toegepast om het architectonisch concept zo zuiver mogelijk te realiseren. Ook in de reeks opdrachten is een dergelijke geleidelijke groei, zowel wat

simply showing this to have extended further, it can all the more easily be deployed to achieve the architectonic concept in as pure a form as possible. In the series of commissions, too, a similar gradual growth can be perceived in both frequency and scope.

One of the projects the firm is working on now is an ambitious plan for the reuse

Centrale as Entrepot

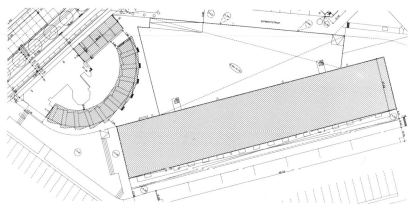

Situatie

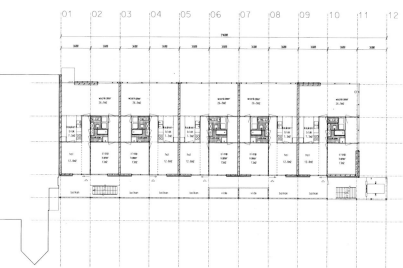

Verdiepingen Stieltjesblok

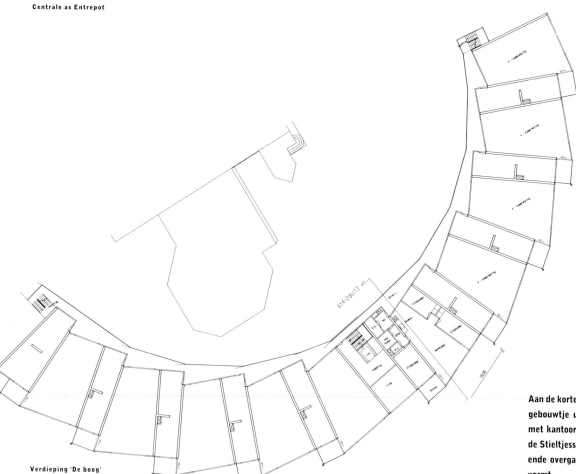

Verdieping 'De boog'

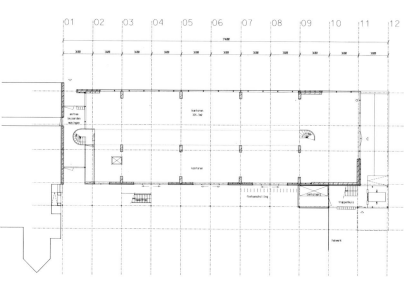

Begane grond Stieltjesblok

Aan de korte zijde van het plein wordt een bestaand douanegebouwtje uitgebreid met een blokje bejaardenwoningen met kantoorruimte voor de Stichting Volkswoningen langs de Stieltjesstraat en een halfrond woningblok dat een vloeiende overgang tussen het driehoekig pleintje en de haven vormt.

Dit halfronde woongebouw scheert vlak langs de hoek van het Entrepotgebouw. De gevels van het gebogen blok bestaan uit verspringende houten schermen die voor zo veel mogelijk woningen uitzicht op de haven mogelijk maken. Deze houten gevelvlakken bestaan uit gezaagde en geschaafde houten balkdelen van het Entrepotgebouw.

betreft frequentie als omvang, zichtbaar. Op dit moment werkt het bureau onder andere aan een ambitieus plan voor het hergebruik van het Entrepotgebouw in het Rotterdamse Kop van Zuidgebied (614). Een verbouwing als uit de beginjaren, maar dan op een vele malen grotere schaal. De opzet blijft echter gelijk: het gebouw wordt leeggesloopt en met zoveel mogelijk industrieel vervaardigde onderdelen heringericht.

of the Entrepot building in Rotterdam's Kop van Zuid area (614). This is a conversion much like those of the early years, only on a far larger scale. The scenario, however, is the same: the building is gutted and refurbished using as many industrially manufactured components as possible. The original cast-iron frame is all that remains. A space-organizing service unit will be applied to a variety

Zuidgevel Entrepotgebouw

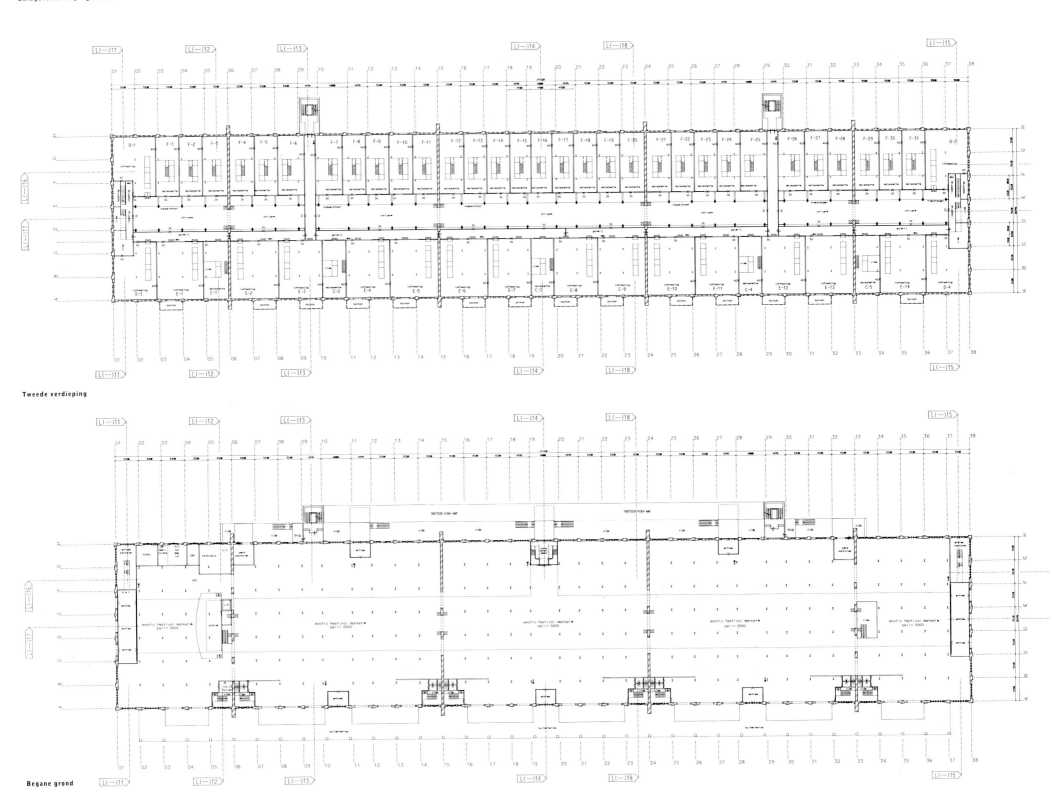

Tweede verdieping

Begane grond

Alleen de oude gietijzerenconstructie blijft staan. In de verschillende woningtypes wordt een ruimteorganiserend utilitair meubel toegepast. De nieuwbouw van een 150-tal woningen in twee blokken naast het bestaande douanegebouwtje maakt deel uit van het project. Het ontwerp voor het Centre for Human Drug Research is op te vatten als een culminatie van eerdere thema's: het ruimteorganiserend meubel, het glazen paviljoen, de filtergevel en de buiten de gevel geplaatste draagconstructie. In een ontwerp voor de kwekerswoning met bedrijfsannexen in Boskoop wordt het gehele langgerekte kavel in één, haast stedebouwkundige greep tot een totaal gebracht. Het programma van eisen, zowel voor de woning als voor de overige functies, is in verschillende onderdelen uiteengerafeld en op een met het slagenlandschap vergelijkbare wijze, gezoneerd over het kavel verdeeld. Een constructiesysteem dat over de lengte van het kavel doorloopt, zorgt voor de samenhang van de onderdelen. In feite is dit uiteenrafelen in verschillende deelproblemen, welke elk naar hun eigen aard worden ontworpen/opgelost om daarna in een groter geheel te worden samengevoegd, tekenend voor de totale werkwijze van CEPEZED. Van de onderdelen wordt onderling de grootste gemene deler gezocht, zodat ze met een klein aantal componenten kunnen worden samengesteld. Het kleinste gemene veelvoud van de onderdelen samen levert daarna de structuur die het geheel bepaalt en samenvoegt. Dit opsplitsen, deel voor deel uitwerken en daarna tot een geheel componeren speelt niet alleen op het niveau van het technische en ruimtelijke ontwerp, maar ook in de wijze waarop het bureau het werk partieel uitbesteed en op de bouwplaats coördineert. De werkwijze, die in bijvoorbeeld de Heiwowoning nog uitvoerig in het uiterlijk van de woning wordt gedemonstreerd, heeft het bureau gaandeweg zodanig in de vingers gekregen dat zij ook zonder uitdrukkelijk tonen vanzelfsprekend is geworden. Waar de hoofdopzet vereenvoudigt en zich steeds bescheidener manifesteert, wordt de ruimtewerking steeds zelfbewuster. CEPEZED heeft de groei naar een volwassen architectuur voltooid; het echte werk kan beginnen.

Piet Vollaard

De uitbreiding van de straalverbindingstoren in Amsterdam wordt op zijn plaats getakeld.
The extension to the telephone tower in Amsterdam being lifted into place.

of dwelling types. Two new blocks to house some 65 dwellings alongside the existing customs building form part of the project.

The design for the Centre for Human Drug Research can be conceived of as an apotheosis of earlier themes: the space-organizing furnishing unit, the glass pavilion, the filtering facade and the supportive structure outside the envelope. In a design for the nurseryman's house and commercial annexes in Boskoop the entire strip is drawn together by a single, almost urban intervention. The specifications, as much for the house as for the ancillary functions, are unravelled amongst various components and zoned across the strip like the parcelled landscape in which it is set. A structural system running the length of the strip binds together the components. In fact this unravelling into various sub-issues designed or resolved each according to its nature, to be brought together in a greater totality, is illustrative of CEPEZED's working methods as a whole. Among the components the greatest common denominator is sought so as to compile them from a small number of parts.

The lowest common multiple of the components together then supplies the structure which determines the whole and draws it all together. This splitting up, this elaborating part by part to subsequently compile these into a whole, operates not only at the level of technical and spatial design but also in the way the firm assigns the various tasks and coordinates the whole on site. The method of working, revealed to the full in the exterior of the Heiwo house, is meanwhile second nature to the practice to the degree of having become, without explicit demonstration, a matter of course. If the overall form appears simplified and more and more self-effacing, the handling of space is ever more assertive.

CEPEZED has completed its growth towards a mature architecture; now the real work can begin.

Piet Vollaard

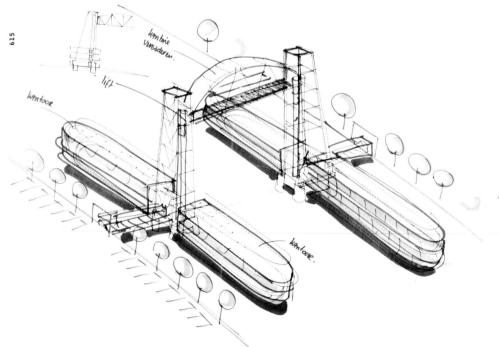

615 Hergebruik 'De Hef', Rotterdam, 1991
Ideeënschetsen voor het hergebruik van Rotterdams meest bezongen brug. In samenwerking met Gemeente Rotterdam. Niet uitgevoerd.

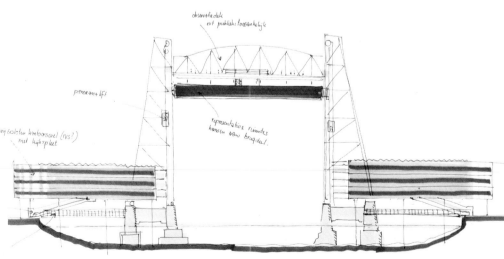

Artikelen over projecten

Juwelierszaak Londen
- 'Jewelry and silverware shop, competitie 2e prijs'. The Architectural Review, 20·01·1981, 274-277.
- Zwinkels, C.,'Ideeënprijsvraag interieur juwelierszaak, 2e prijs', De Architect 1982 nr.2, 47-51.

Heiwo woning
- 'Huis staat in vijf dagen' Technisch weekblad, 01·10·1982.
- 'Een geheel nieuw bouwsysteem voor sociale woningbouw' Bouwtechniek 1982 nr.12, 15-21.
- Heuvel, W van, 'Bouwen voor morgen: vandaag in Den Haag' PT/Aktueel 1982 nr.44
- 'Woningbouwsysteem CEPEZED' Bouwen met staal 1983 nr.65, 37.
- 'High tech and high style' The Architectural Review 1985 nr.1055, 60-63.
- Cohen, M 'Bouwindustrie en serie produktie' Forum 1987 nr.2, 10-17.

PTT winkels Primafoon
- Pesman, J 'Hoe men het interieur van een winkel kan meenemen' Bouw 1981 nr.26, 9-10.
- Ryckebosch, C 'Staal en interieur' De Bouwadviseur 02-1985, 40-41.
- Oosterman, A/ Dettingmeyer, R. 'De aannemers moeten een toontje lager zingen. Het industriële van CEPEZED' De Groene Amsterdammer 27-03-1985
- Hinte, E van 'De grenzen van het maat systeem' De Architect 5-1986, 30-33.
- Koster, E 'Werk van CEPEZED' De Architect 5-1988, 49-55.

Bedrijfsverzamelgebouw, Haarlem
- 'High tech and high style' The Architectural Review 1985 nr.1055, 60-63.
- Cobouw 22-08-1985
- Zwinkels. C 'Een ander beeld voor de nederlandse industriebouw' De Architect 03-1986, 29-33.
- Cohen, M 'Zilveren tent van CEPEZED' Architectuur/Bouwen AB 03-1986, 38-42.
- Cohen, M.E./Jong, P de/Evers, H.G.A. 'Bedrijfs-verzamelgebouw in Haarlem, de constructie, brand-technische aspecten' Bouwen met staal 1986 nr.75, 33-36.
- 'Staal als uitdrukking van flexibiliteit' Bouwen met Staal, Nationale staalprijs 1986, 25.
- 'Utiliteitsgebouw opgebouwd uit thermisch verzinkt en gecoat staal' Thermisch Verzinken 1986 nr.4, 58-59.
- Maas, T 'High tech: het controleerbare beeld (gesprek met Fons Verheijen en Michiel Cohen)' Architectuur/Bouwen AB 02-1987, 23-26.
- 'Holland: a constructive workshop' Ottagono 1987 nr.84, 23.
- Cohen, M 'Bouwindustrie en serieproduktie'. Forum 1987 nr.2, 10-17.

Verbouwing apotheek, Haarlem
- 'Over projecten en de ontwikkeling van een (woning-) bouwsysteem' De Architect 04-1982, 45-51.
- Wonen TABK 1983 nr.17-18, 44-45.

Inrichting boekwinkel, Rotterdam
- 'Over projecten en de ontwikkeling van een (woning-) bouwsysteem' De Architect 04-1982, 45-51.

Woningbouwproject, Naarden
- 'Over projecten en de ontwikkeling van een (woning-) bouwsysteem'De Architect 04-1982, 45-51.
- 'Twee woongebouwen, Naarden' Bouw 1982 nr.20, 55-57.
- Cohen, M 'Bouwindustrie en serieproduktie'. Forum 1987 nr.2, 10-17.

High Tech Center, Nieuwegein
- Oosterman, A/Dettingmeyer R, 'De aannemers moeten een toontje lager zingen, het industriële van CEPEZED' De Groene Amsterdammer
- Maas, T 'Kanttekeningen bij een prototype'. Architectuur/Bouwen AB 03-1986
- Koster, E 'Werk van CEPEZED' De Architect 05-1988, 49-55.
- Kloos, M 'Le goût des choses simples' L'Architecture D'Aujourd'hui 1988 nr.257, 50.
- 'Techniek in dienst van de architectuur' Bouwen met Staal nationale staalprijs 1988 nr.87, 12.
- 'Centro de alte tecnologia'. Tecnologia Y Arquitectura 04-1989, 20-29.
- 'Twee bedrijfsgebouwen, Nieuwegein' Bouw 1989 nr.23, 34-38.

Opbouw scheepsreparatiewerf van de Wetering kantoorgebouw
- Wonen TABK 1983 nr.17-18, 44-45.
- Cohen, M 'Bouwindustrie en serieproduktie' Forum 1987 nr.2, 10-17.

Portiersloge RET, Rotterdam
- Zwinkels, C 'Een hoop lawaai' De Architect 03-1986, 29-33.
- Maas, T 'High tech: het controleerbare beeld (gesprek met Fons Verheijen en Michiel Cohen)'. Architectuur/Bouwen AB 02-1987, 23-26.
- 'Holland: a constructive workshop' Ottagono 1987 nr.84, 23.

Orthodontistenpraktijk, Haarlem
- 'High tech and high style' The Architectural Review 1985 nr.1055, 60-63.

Experimentele woningen, Haarlem
- Zwinkels, C 'Haarlems experiment' De Architect 02-1987, 23-24
- Cohen, M 'Bouwindustrie en serieproduktie'

Forum 1987 nr.2, 10-17
- Zwinkels, C 'Er valt voor architecten nog van alles te bedenken' De Architect 03-1987, 71-81
- Rovers, R 'Beoordeling stalen woning' Bouw 1987 nr.7, 51
- 'Architecten ontwerpen plannen voor experimentele woning in woningwetsfeer' Fundament 1987 nr.1, 34-35
- 'Experimentele woningbouw Zuiderpolder, Haarlem' Items speciale uitgave 1987, 20-23
- 'De vrijstaande woningwetwoning' Bestuurforum 01-1988, 302

Ontwerp uitbreiding Ballet-HAVO
- Koster, E 'Werk van CEPEZED' De Architect 05-1988, 49-55

Orthodontistenpraktijk NAN, Voorburg
- Dijk, H van 'Pythagoras in Voorburg' Archis 09-1989, 2-3
- 'Optimale integratie van bouwdelen' Bouwen met Staal 1990 nr.96, (nationale staalprijs), 5
- Hinte, E van 'Ruimtelijkheid ten koste van functionali-liteit' De Architect 01-1990, 129-137
- 'Kwaliteit inzendingen staalprijs zeer hoog' Samen 1990 nr.549, 5
- Slawik, H 'Angebissen' Deutsche Bauzeitung 1991 nr.7, 60-61
- Pesman, J '3 x glas' Glas 1991 nr.3, 2-4
- Boekraad, C 'De kunst, kortom, die geen geld kost' Bouw 1991 nr.19, 15-20

Verbouwing woonhuis, Haarlem
- Groot, P de 'Een perfecte relatie' Elegance Interieur10-1989, 38-43
- 'Richtprijzen woningen vrijstaand' Bouwkosten 1991 nr.222, 2

Communicatietoren PTT-telecom, Amsterdam
- Weeda, R 'Twee maal veertig ton de lucht in' Amsterdams peil 1989 nr.17, 245-247
- 'Gezocht naar een heldere en herkenbare vormgeving' Bouwen met Staal 1989 nr.92, 70-72
- 'Visie leidt tot transparante esthetiek' Bouwen met Staal 1990 nr.96 (nationale staalprijs), 13

Bedrijfsverzamelgebouw, Nieuwegein
- 'Twee bedrijfsgebouwen, Nieuwegein' Bouw 1989 nr.23, 34-38

Renovatie Koninklijke Academie van Beeldende Kunsten, 's-Gravenhage
- Cohen, M 'Beeld van stalen ramen gehandhaafd' Bouwen met Staal 1990 nr.95, 51-52

Ontwerp bedrijfshal, Rotterdam
- Koster, E 'Werk van CEPEZED' De Architect 05-1988, 49-55

Ontwerp Schouwburgplein, Rotterdam
- Koster, E 'Werk van CEPEZED' De Architect 05-1988, 49-55

Twee zonder een kap
- 'Woning ir. Jan Pesman' Bouwwereld ontwerp 1990 nr.21a, 7-11
- Hinte, E van 'Ruimtelijkheid ten koste van functionaliteit' De Architect 01-1990, 129-137
- Pesman, J 'Dubbel woonhuis in Delft' Bouwen met Staal 1990 nr.97, 5-8
- 'Woonhuis Jan Pesman te Delft' Booosting Nieuwsbrief 01-1991
- Vollaard, P 'Huis van staal' Items 1991 nr.36, 6-7
- Vollaard, P 'Gevoelig ontwerp in RVS-doos' Architectuur en Bouwen 02-1991, 12-15
- foto voorpagina Tijdschrift voor oppervlakte-technieken en corrosiebestrijding 1991 nr.3
- 'High-tech esthetiek aan de rand van Delft, bouwwereld onderscheiding 1991, 1e prijs' Bouwwereld 1991 nr.11, 18-19
- Pesman, J '3 x glas' Glas 1991 nr.3, 2-4
- 'Dutch practice CEPEZED scooped three of ......' Building Design 07-1991, 9
- 'Awards' Architecture Today 1991 nr.20, 45-53
- 'Sixth colorcoat building awards' Steel News 1991 nr.30, 8-9
- Hendriks, C 'Materialen inspireren meer dan vormen' Design 1991, 12-13
- Vollaard, P/ Pesman, J 'Twee onder een dak' Architectuur/Bouwen 08-1991, 38-39
- 'British steel colorcoat building awards' Booosting Nieuwsbrief 1991 nr.8, 1
- Pesman, J 'Twee woningen te Delft' Bouw 1991 nr.19, 42-44
- Moor, H de 'Abstractie van de doos; villa's in Delft' Archis 1991 nr.10, 4-5
- Twee woningen, Delft - Staal en glas geven grote ruimtelijke werking binnen een relatief kleine bouwmassa' Bouwen met Staal 1992 nr.108, 24-25
- Deelen, ir.P van 'Nationale staalprijs is een instituut' Bouw 1992 nr.22, 6

Dierenartsenpraktijk, Delft
- Hinte, E van 'Ruimtelijkheid ten koste van functionaliteit' De Architect 11-1990, 129-137
- Pesman, J '3 x glas' Glas 1991 nr.3, 2-4

Orthodontistenpraktij, Veldhoven
- Hinte, E van 'Ruimtelijkheid ten koste van functionaliteit' De Architect 11-1990, 129-137
- 'Sixth colorcoat building awards' Steel News 1991 nr.30, 45-53
- Advertentie British Steel products 'The colorcoat cases' Roofing Holland 09-1992, 35-36

Nederlandse glasbond, Woerden
- 'Glasmanifestatie druk bezocht' Glas in Beeld 1991 nr.1, 25
- 'Pesman ontwerpt nieuw hoofdkantoor glasbond' Bouwwereld 1991 nr.6, 7

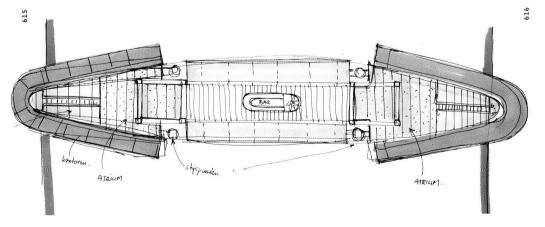

615

616 SKAR Ateliers, Rotterdam, 1991

Ideeënschetsen voor ateliers voor kunstenaars in het kader van een manifestatie tijdens de opening van het cursusjaar van de Rotterdamse Akademie voor Bouwkunst. De ateliers zijn gedacht als betonnen hulzen met een raster van bevesti-gingspunten in de betonwanden waaraan allerlei accessoires -van schilderijen tot lichte vakwerkspanten om tussen vloe-ren aan te leggen- kunnen worden bevestigd.

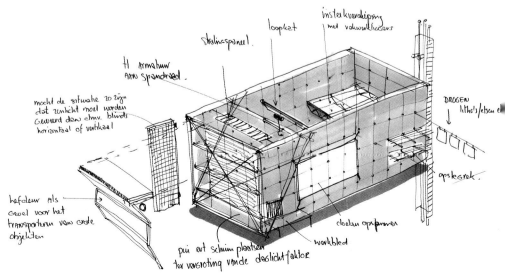

616

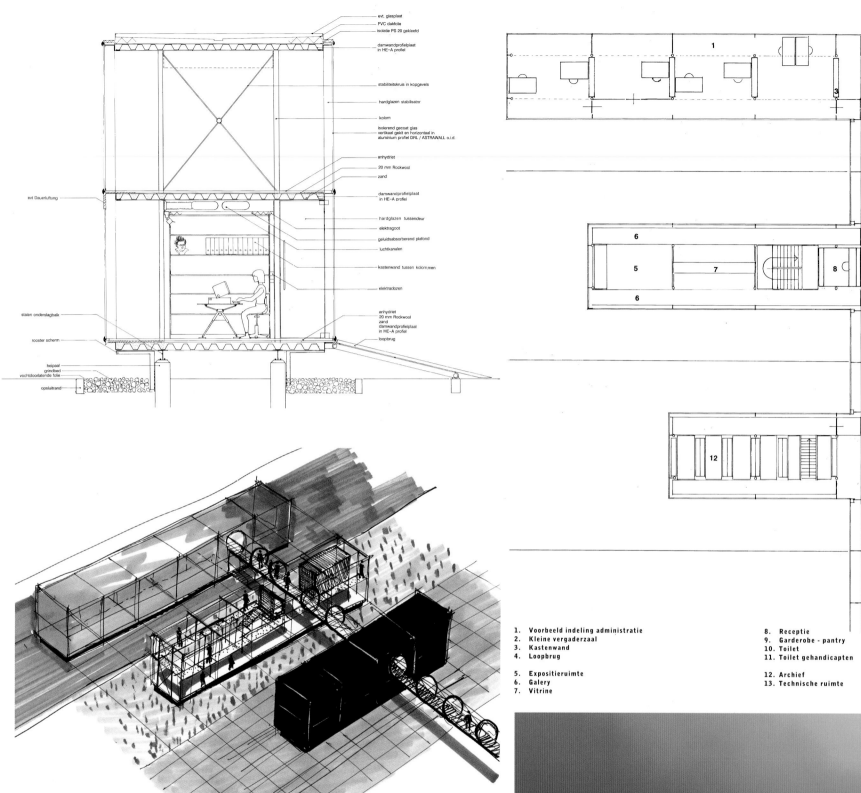

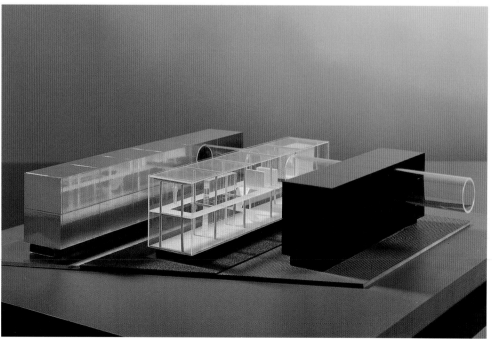

1. Voorbeeld indeling administratie
2. Kleine vergaderzaal
3. Kastenwand
4. Loopbrug

5. Expositieruimte
6. Galery
7. Vitrine

8. Receptie
9. Garderobe - pantry
10. Toilet
11. Toilet gehandicapten

12. Archief
13. Technische ruimte

617 Hoofdkantoor Nederlandse Glasbond, Woerden, 1991
opdr.: Nederlandse Glasbond

Uitvoering 1994.
**Dit ontwerp won de eerste prijs in een door de Glasbond uit-
geschreven prijsvraag voor een nieuw hoofdkantoor op het
terrein van het toekomstige Bouw Informatie- en Congres-
centrum in Woerden. Het programma; kantoor-, expositie-
en archiefruimten, is ondergebracht in drie in lengte oplo-
pende blokken. Elk van de twee verdiepingen hoge blokken
heeft een gelijke, stalen draagconstructie. De glazen huid
van de blokken is aangepast op de per blok verschillende
programmatische en bouwfysische karakteristiek. De drie
blokken zijn onderling verbonden door middel van een loopbrug van hardglas. Het eerste blok met daarin de archieven**

**en installaties (temperatuur $\geq$ 15°, uitzicht en daglicht niet
noodzakelijk) heeft een gevel van zwart geëmailleerd glas,
het middenblok met daarin receptie, garderobe, sanitair,
pantry en tentoonstellingsruimten ($\geq$ 18°, 'ongekleurd'
daglicht en uitzicht noodzakelijk) een gevel van helder isolatieglas en het eindblok met kantoor- en vergaderruimten
(20-28°, daglicht en uitzicht noodzakelijk) een gevel van
zonwerend isolatieglas. De verstijving voor de windlast is
van gehard glas.
De binnenwanden bestaan deels uit elektrisch -van transparant naar ondoorzichtig- omschakelbaar glas. Hiermee is
het gebouw zelf object van expositie: het toont de belangrijkste verschillende glassoorten en de geavanceerde technische mogelijkheden van glas.**

- 'Glas award '91'
  Booosting Nieuwsbrief 1991 nr.6, 1
- Cate, G ten 'Wedstrijd van de glasbond'
  Bouw 1991 nr.6, 2-3
- 'Glasmanifestatie '91, ontwerpwedstrijd
  Nederlandse glasbond' Glas 1991 nr.2, 2-6
- Zwinkels, C 'Glas award voor Pesman'
  De Architect 04-1991, 33-34
- 'Ontwerp hoofdkantoor Nederlandse glasbond'
  De Bouwadviseur 04-1991

Hefbrug, Rotterdam

- Moscoviter, H 'Rotterdam op zoek naar project-
  ontwikkelaars' Bouw 1991 nr.18, 40-43

Entrepotgebied, Rotterdam

- 'Plan voor entrepotgebied Rotterdam'
  Cobouw 10-1991, 3
- 'Wonen: bijzonder wonen in en om entrepotgebouw
  Rotterdam punt uit magazine 08-1992, 71
- 'Rotterdam en de stedelijke vernieuwing:
  de ontwikkelingen op de kop van zuid' De Lijn,
  magazine voor Rotterdam & omstreken 09-1992
- Garschagen, A 'Using the kop van zuid to
  improve run-down neighbourhoods'
  European Business Magazine 1992 nr.6, 78-79

Kinderdagverblijf/bibliotheek, Delft

- 'Driehoekige bouwmassa's met vakwerkspanten geven
  binnen het beschikbare budget een meerwaarde aan
  het gebouw' Bouwen met Staal 1992 nr.108, 22-23

Fietsenstallingen TNO, Delft

- 'Constructie met fiets-techniek'
  Bouwen met Staal 1992 nr.108, 88-89

Teksten van Michiel Cohen en Jan Pesman

- Pesman, J, 'Hoe men het interieur van een winkel kan
  meenemen' Bouw 1981 nr.26, 9-10
- Cohen, M, 'Bouwer, Kunstenaar, Regelaar of toch
  Systeemontwikkelaar' Bouw 1982 nr.23, 57-58
- Pesman, J, 'Een nieuwe discipline: IA'
  Items 1983 nr.10, 6-10
- Cohen, M, 'Zilveren tent van CEPEZED'
  Architectuur/Bouwen AB 03-1986, 38-42
- Cohen, M, de Jong, P, Evers, H.G.A,
  'Bedrijfsverzamelgebouw in Haarlem, de constructie,
  brandtechnische aspecten'
  Bouwen met Staal 1986 nr.75, 33-36
- Cohen, M, 'Bouwindustrie en serieproduktie'
  Forum 1987 nr.2, 10-17
- Cohen, M, 'Architecten van ivoren torens'
  Items 1987 nr.1, 4
- Cohen, M, 'Beeld van stalen ramen gehand-
  haafd' Bouwen met Staal 1990 nr.95, 51-52

- Pesman, J, 'Dubbel woonhuis in Delft'
  Bouwen met Staal 1990 nr.97, 5-8
- Pesman, J, '3 x glas' Glas 1991 nr.3, 2-4
- Pesman, J, Vollaard, P, 'Twee onder een dak'
  Architectuur/Bouwen 08-1991, 38-39
- Pesman, J, 'Twee woningen te Delft'
  Bouw 1991 nr.19, 42-44
- Cohen, M, 'Constructie en installatie als architecto-
  nische elementen' Bouw 1991 nr.21, 54-55

Artikelen over CEPEZED

- Zwinkels, C. 'Modulaire coördinatie is net esperanto'
  De Architect 04-1982, 40-44
- Hinte, E van. 'Booosting experimenteel van start,
  Lancering industriële gebouwprodukten'
  De Architect 11-1988, 72-75
- 'Nederlandse ontwerpers winnen Britse prijs'
  Cobouw 08-1991, 3
- Velden, F van. 'Traditionele aannemer heeft geen
  functie meer' Cobouw 08 1991, 5
- 'Architectonisch hoogstandje in woningen met stalen
  pre-fab delen' Samen 1991 nr. 553, 10-13
- 'Inzendingen (prijsvraaginzending SKAR-ateliers)'
  Platform 1991 nr.16, 40-45
- 'Colorcoat Building Award voor CEPEZED'
  De Architect 09-1991, 37
- Mos, P de, 'Ragfijn en monumentaal in staal'
  Bouw 1991 nr.19, 29
- 'CEPEZED wint Colorcoat Building Award'
  De Bouwadviseur 09-1991, 8
- 'Il premio iritecna per l'Europa -M.Cohen -J.Pesman,
  HTC' l'Arca 1991 nr.53, 90
- Moor, H de, 'Abstractie van de doos, villa's in Delft'
  Archis 1991 nr.10, 4-5
- Oosterman, A, 'Een huis met rondom een tuin'
  Archis 1991 nr.10, 24-29
- 'Eerste lustrum nationale schildersprijs'
  Eisma's Vakpers 1991 nr.14, 22
- 'Iritecnaprijs voor Europa' Archis 1991 nr.11, 8
- 'Palladioprijs 1991' Archis 1991 nr.11, 11
- Grevers, A, 'Kan de architect het bouwproces
  organiseren?' Aannemer 1991 nr.9, 14
- 'Opnieuw onderscheiding voor CEPEZED'
  De Architect 1991 nr.11, 29
- Groot, F de, 'Vormgeven van gebit en gebouw'
  Exkies 11-1991, 24-27
- Egberts, T, 'Nieuwe rollen, nieuwe kansen'
  Bouwwereld 05-1992, 14
- Groot, F de, 'architectenbureau zorgt voor uitvoering
  eigen ontwerpen' Bouwadviseur 06-1992, 30-34
- Mulder, H, Egberts, T, 'Coördinator tegen wil en dank'
  Bouwwereld 07-1992, 8-9.

CEPEZED onderscheidingen

- **Tokyo international lighting design competition**
  1975-eervolle vermelding (prijsvraag)-Lamp
- **Architectural review competition**
  1981-2e prijs (prijsvraag)-Jewelry and silverware
  shop
- **Bouwwereld onderscheiding**
  1987-nominatie-Woningen, Haarlem
- **Nationale staalprijs**
  1988-eervolle vermelding, cat. B-HTC, Nieuwegein
- **Prijsvraag Delft design 'twee-onder-een-kap'**
  1989-realisatie-Woningen, Delft
- **Constructa preis**
  1990-award-HTC, Nieuwegein
- **Nationale staalprijs**
  1990-1e prijs, cat. A-Nan, Voorburg
- **Nationale staalprijs**
  1990-eervolle vermelding-SV-toren, Amsterdam
- **Eternit ninth international prize for architecture**
  1991-mention, cat. C-Nan, Voorburg
- **Glas award**
  1991-1e prijs (prijsvraag) & realisatie
  Kantoor Glasbond, Woerden
- **Bouwwereld onderscheiding**
  1991-1e prijs-Woningen, Delft
- **British steel 6th colorcoat building award**
  1991-1e prijs, Colorcoat trophy-Pilon, Veldhoven
- **British steel 6th colorcoat building award**
  1991-commended-Woningen, Delft
- **British steel 6th colorcoat building award**
  1991-commended-BVG, Nieuwegein
- **Premio internazionale di architettura
  Andrea Palladio**
  1991-nominatie-Woningen, Delft
- **Iritecna prize for Europe (Italstat)**
  1991-golden plaque & opdracht-Woningen, Delft.
  HTC, Nieuwegein
- **Nationale schildersprijs**
  1991-eervolle vermelding-Woningen, Delft
- **Chicago metallic award**
  1991-nominatie, cat. A-Woningen, Delft
- **Chicago metallic award**
  1991-nominatie, cat. B-Nan, Voorburg
- **Schöner wohnen Hauswettbewerb**
  1992-plakette nominatie-Woningen, Delft
- **Nationale staalprijs**
  1992-1e prijs, cat. A-Woningen, Delft
- **Nationale staalprijs**
  1992-nominatie, cat. A-Kinderdagverblijf/
  bibliotheek, Delft
- **Nationale staalprijs**
  1992-eervolle vermelding, cat. B-Fietsenstallingen
  TNO, Delft

618 Straalverbindingstoren, Lelystad, 1991
opdr.: PTT Telecom

Verhoging van een bestaande SV-toren. Niet uitgevoerd.

620 Brug Floriade, Zoetermeer, 1991-1992
opdr.: Wereldtuinbouwtentoonstelling Floriade

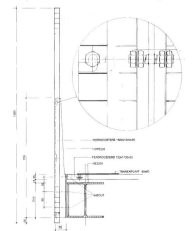

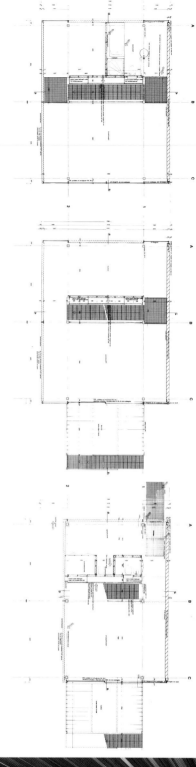

ARCHITEKT v. SWIETEN & V. VEEN   BASIE DESIGN   A. van BERGEN   MECANOO   B. GREMMEN   BOHTLINGK   HTV architekten HOENDERS & prins   BASIE DESIGN   v. ROOSMALEN/v. GESSEL   MOLENAAR/v. WINDEN   T. SIEMERINK   de JONGH/HOOGVELD/de KAT LEPEZED   F. ISRAELS
opdrachtgever   R. Oskar Pakah- Vahili   C. de Kruyf + P. van Vlijmen   T.v. Bergen + R. Blok   C. de Weijer   C. Haene + P. Kuiper   R. van Cameron   A. Roos + H. Trouw   P.Doghi/G.Brons/M.Bollebeek   V. Roosmalen/v. Gessel   G. Mol   T. Siemerink   B.Swakels   S. v.d. Berg   E. Israels
C   C   A   D   C   B   A   B   C   C   A   C   A   C

621 Woonhuis Schutterstraat, Delft, 1991-1992
opdr.: Patricia Kromhout, Simon v.d. Berg

Op een vrijgekomen locatie in de binnenstad van Delft is een strook gereserveerd voor rijhuizen naar eigen ontwerp. De kavels zijn naar gelang de vraag van de verschillende opdrachtgevers verschillend van breedte. De eenheid van het blok wordt gegarandeerd door aan de verschillende architecten van de woningen een aantal vormregels ten aanzien van rooilijn, gevelhoogte, kleur en materiaal van het belangrijkste gevelvlak etc. op te geven.

Het door **CEPEZED** ontworpen huis is -vergeleken met de overige ontwerpen in het blok- van een provocerende eenvoud. De 7 m. brede en 8,5 m. diepe plattegrond wordt door een dwarsgeplaatste stalen steektrap in een straat- en een tuinzone verdeeld. De straatzone bevat de utilitaire ruimtes (berging, keuken, badkamer), de tuinzijde de woonruimtes (studeerkamer, woonkamer, slaapkamer). Langs de trap staat een met aluminium panelen afgewerkte leidingschacht. De panelen zijn afschroefbaar zodat de schacht ook

als kastruimte kan worden benut. Boven de trap is een daklicht aangebracht. Het trapgat is naar de zijwanden doorgetrokken; de bordessen zijn, evenals de traptreden, van stalen persroosters gemaakt. De draagconstructie bestaat uit twee stalen portalen in de langsrichting op 1,4 meter van de beide zijwanden. De vloeren zijn opgebouwd uit met zand gestabiliseerde, in het zicht gelaten stalen damwandprofielen met een anhydriet afwerklaag.

De zonering van de draagconstructie keert terug in de gevels. In de voorgevel in de vorm van twee glasstroken van straat tot dakrand, gescheiden door een neutraal vlak van zilver metallic sandwichpanelen, in de geheel beglaasde achtergevel in de vorm van twee matglazen stroken tussen een helder glasvlak. De middenstrook is aan de tuinzijde ter plaatse van de studeerkamer en de woonkamer voorzien van een twee meter diep houten dek op een gegalvaniseerde stalen draagconstructie.

De uitvoering van het werk werd, zoals voor alle recente kleinere projecten, geheel in eigen hand gehouden.

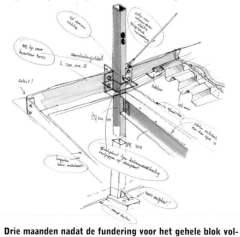

Drie maanden nadat de fundering voor het gehele blok volgens afspraak in één keer was gestort kon het ontwerp worden opgeleverd. Op dat moment verkeerden de meeste overige architecten nog in de moeizame onderhandelingsfase met de traditionele aannemer.

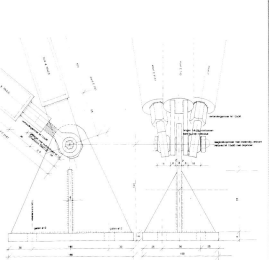

623 TNO fietsenstalling, Delft, 1991
opdr.: TNO Delft
624 Zendmast, Maastricht, 1991-...
opdr.: Facilitairbedrijf Gemeentepolitie Maastricht
Ontwerp voor een afgespannen zendmast naast het politie-bureau. In voorbereiding.

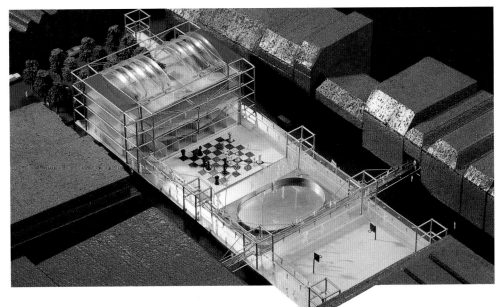

625 Herinrichting Statenplein, Dordrecht, 1991
opdr.: Gemeente Dordrecht

Meervoudige opdracht voor de herinrichting van een plein in de binnenstad. Een uit de omgeving afgeleid rechthoekig raster is over de situatie geprojecteerd en als een pergola-structuur vormgegeven.

De kruispunten van het raster bestaan uit vierkante 'torens', van waaruit de pergoladaken zijn afgehangen. De velden van het raster vormen 'pleinen' die met verschillende acti-viteiten kunnen worden ingevuld. Eén veld bestaat uit een opeenstapeling van vier 'pleinen' voor commerciële en recreatieve functies. De hoogte van dit stapelgebouw sluit aan op de omringende bebouwing.

Het gebouw verdeelt de ruimte in twee pleinen; een stede-lijk plein en een activiteitenplein. Het activiteitenplein wordt doorsneden door een luchtbrug die een warenhuis en een winkelcentrum aan beide zijden van het plein op ver-diepingsniveau met elkaar verbindt.

Niet uitgevoerd.

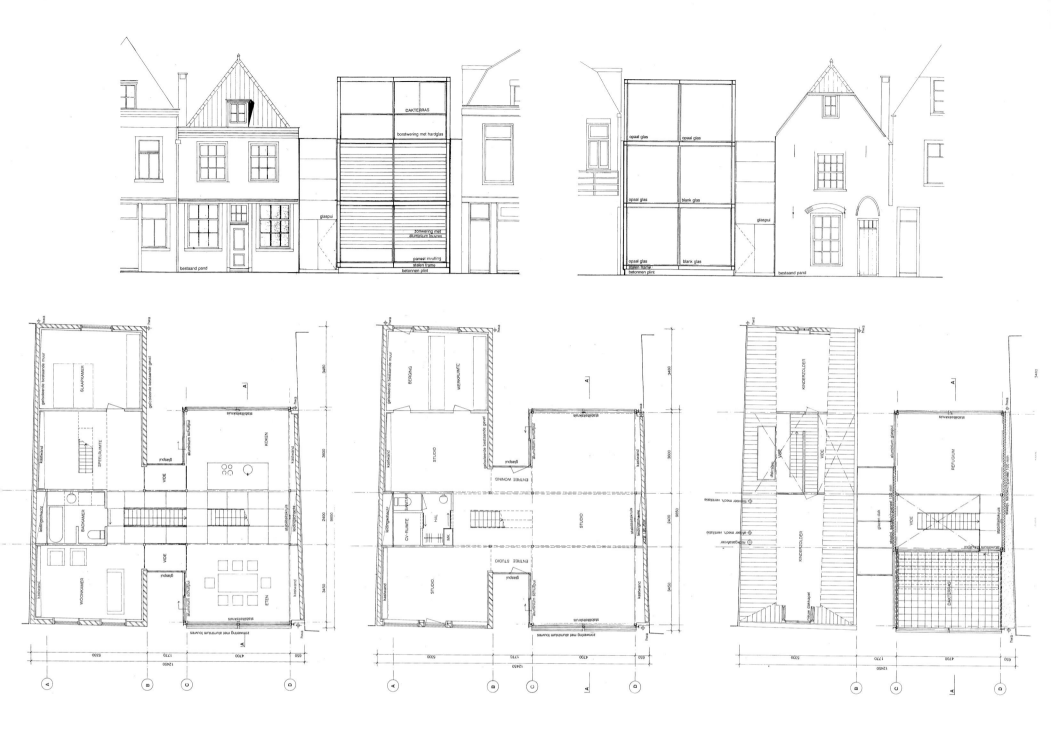

627 Pergola Plein der Verenigde Naties, Zoetermeer, 1991-1992.

opdr.: Dienst Stedelijke Ontwikkeling Zoetermeer

Het ronde entreeplein van de Floriade is gedeeltelijk bepaald door kantoorbebouwing. Het open deel is gedeeltelijk afgesloten door een gebogen wand van geperforeerd aluminium. Deze constructie is doorzichtig, maar tegelijkertijd een dui-delijke afbakening van het plein. Een horizontale, afgespannen stalen buis, loodrecht op het gebogen vlak, richt de blik op de lager gelegen polder. Op de kolommen waarop de buis rust is de NAP-hoogte aangegeven, zodat de bezoeker er zich van bewust is hoe ver hij zich beneden zeeniveau begeeft.

629 Woonhuis Rietveld, Delft, 1992-...

opdr.: Petr van Blokland en Claudia Mens

Restauratie en uitbreiding van een grachtenpand tot woonhuis en grafisch ontwerpbureau. In voorbereiding.

630 Milieupark, Maastricht, 1992-...

opdr.: Gemeente Maastricht

Drive-in station voor de collectie van gescheiden afval. In samenwerking met industrieel ontwerpbureau E.J.O.K Rotterdam. In voorbereiding

632 Trefcentrum Congreszaal, Delft, 1992-...

opdr.: Trefcentrum Delft

Glazen congreszaal met kantoren op een binnenterrein. In voorbereiding.

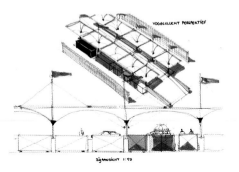

Medewerkers in april 1993:
achterste rij van links naar rechts:
René van den Bulk, Corina van der Heide,
Ricarda Koschany;
voorste rij van links naar rechts:
Hans Schlotter, Ben Hoek, Robert Winkel, Mark Vossen,
Johan Pijpstra, Erwin Kleinsman, Carolien Bijvoet,
Greet Lammerts van Bueren, René van der Maten,
Saskia Tan, Marco Henssen, Michiel Cohen, Carlos Apers,
Ina Pesman, Jan Pesman, Harry van Heeswijk,
Ronald van Houten

Oud medewerkers:
Roel van Bakel, Dick Bakker, Sandra Bakvis,
Iwert Bernakiewicz, Joke Boxmeer, Willem van de Burg,
Petra van de Burgh, Peter Compagne, Maren Dannien,
Don van Dasler, Kiki van Dop, Caroline Dukker,
Thomas Durisch, Edwin van Eeckhoven, Jos Eras,
Patrick Esveld, Farzaneh Gorischi, Patricia Haring,
Rene Hiemstra, René Hoek, Tineke van de Hoek,
Rob Hoogendijk, Mark van Kessel, Ansgar Krupp,
Lonneke Kuysten, Anette Lampe, Pieter Melis,
Eugène Meulemans, Tom Mossel, Dolores Puiqantel,
Nikele van de Putten, Roeland-Jan Pijper,
Karen van 't Sant, Eva Setyabudi, Mia van Spronsen,
Tjeerd Tiersma, Tys Verburg, Maarten Willems,
Hans Witte, Rob Zee

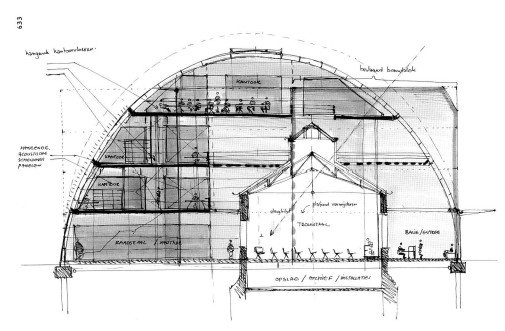

633

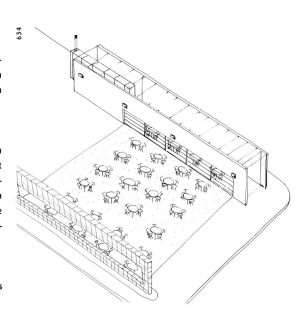

634

633 Stadsdeelkantoor Afrikaanderwijk, Rotterdam, 1992
opdr.: Ontwikkelings Bedrijf Rotterdam

Voorstel voor de tijdelijke huisvesting van de stadsdeel-raad. Een glazen overbouwing van het terrein, waarbij een bestaand gemaaltje in het complex wordt opgenomen en wordt getransformeerd tot trouwzaal. Niet uitgevoerd.

634 Horecapaviljoen Noordplein, Rotterdam, 1992-...
opdr.: Ontwikkelings Bedrijf Rotterdam

In voorbereiding. Twee lange stroken; het eigenlijke paviljoen en een scherm waarlangs klimop kan groeien, omsluiten met een bestaand gebouwtje drie zijden van een voormalig par-keerveldje aan een groot met bomen beplant plein. De zo gevormde ruimte krijgt de functie van stedelijk terras. De opengelaten vierde zijde van het terrasplein is, evenals de gla-zen kopzijde van het horecapaviljoentje, gericht op de Rotte.

636 Squash Houtrust, Den Haag, 1992-...
opdr.: Squashvoorzieningen Houtrust vof

Uitbreiding van de Houtrusthallen met een 16-baans squashcomplex. In voorbereiding.

Fotoverantwoording

Atelier 18: 36 linksbeneden, 38 boven, 39 rechts, 46 boven
CEPEZED BV: 3, 5, 6, 12, 13, 27 boven, 31 boven, 32 boven,
33, 38 beneden, 39 links en midden, 44, 46 linksbeneden
en rechtsbeneden, 47 rechts, 49, 55 links,57
Fas Keuzekamp: 37
Walter de Maar BV: 26 links
Mabon: 19 rechtsonder
Gilles van Niel: 24, 25
Kostas Pasvantis: 48
Peter de Ruig: omslag, 11, 12/13, 15, 16/17, 18, 19, 22,
23, 27 beneden, 28/29, 30, 31 beneden, 32 beneden, 36, 41,
42, 43, 45, 47 links, 52, 54, 55 rechts, 56, 58
De Waal: 26 midden

Colofon

Vertaling Nederlands-Engels/Translation Dutch-English:
John Kirkpatrick
Vertaling introductie Engels-Nederlands/Translation
Introduction: Piet Vollaard
Vormgeving/Design:
RickVermeulen - Mirjam Lems,
Hard Werken Design, Rotterdam
Druk/Printing: Snoeck Ducaju & Zoon, Gent

© 1993 Uitgeverij 010 Publishers, Rotterdam

CIP/ISBN 90-6450-171-8

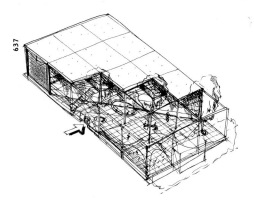

637 Kinderdagverblijf Prinsenland, Rotterdam, 1992-...
opdr.: Stichting Sociaal Cultureel Werk Prinsenland

In voorbereiding.
**Nieuwbouw voor een kinderdagverblijf met vier vertikale
groepen. Binnen- en buitenruimten zijn ondergebracht in
een perifeer stalen frame. Verspringende vierkante vlakken
vormen vloeren en daken. Een diagonaal glasvlak scheidt de
binnen- en buitenruimte.**

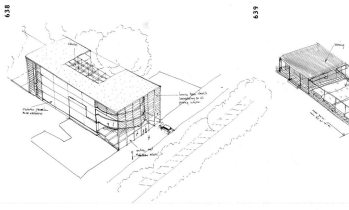

638 Maliebaan, Utrecht, 1992-...
opdr.: RITO projecten

**Nieuwbouw voor een kantoor met parkeervoorzieningen.
Niet uitgevoerd.**

639 Kwekerij, Boskoop, 1992-...
opdr.: fam. Schouten

In voorbereiding.
**Woonhuis met bedrijfsfaciliteiten voor een boomkwekerij.
Het programma van eisen, zowel voor de woning als voor de**

**overige functies, is in verschillende onderdelen uiteengera-
feld en in een met het slagenlandschap vergelijkbare wijze,
gezoneerd over het kavel verdeeld. Een constructiesysteem
dat over de lengte van het kavel doorloopt, zorgt voor de
samenhang van de onderdelen.**

Wordt vervolgd.